风云首相 丘吉尔

王金锋 ◎ 编著

辽海出版社

图书在版编目(CIP)数据

风云首相丘吉尔／王金锋编著.—沈阳：辽海出版社，2017.6
ISBN 978－7－5451－4104－7

Ⅰ.①风… Ⅱ.①王… Ⅲ.①丘吉尔（Churchill，Winston Leonard Spencer 1874－1965)-传记 Ⅳ.①K835.617＝5

中国版本图书馆 CIP 数据核字(2017)第 136765 号

责任编辑：孙德军　丁　雁
封面设计：李　奎

出版者：辽海出版社
　地　　址：沈阳市和平区十一纬路 25 号
　邮　　编：110003
　电　　话：024-23284381
　E-mail： dszbs@mail.lnpgc.com.cn
　http://www.lhph.com.cn
印刷者：北京一鑫印务有限责任公司
发行者：辽海出版社

幅面尺寸：155mm×220mm
印　张：14
字　数：218 千字

出版时间：2017 年 7 月第 1 版
印刷时间：2017 年 8 月第 1 次印刷
定　价：29.80 元

《世界名人传记文库》编委会

主　编	游　峰	姜忠喆	蔡　励	竭宝峰	陈　宁	崔庆鹤
副主编	闫佰新	季立政	单成繁	焦明宇	李　鸿	杜婧舟
编　委	蒋益华	刘利波	宋庆松	许礼厚	匡章武	高　原
	袁伟东	夏宇波	朱　健	曹小平	黄思尧	李成伟
	魏　杰	冯　林	王胜利	兰　天	王自和	王　珑
	谭　松	马云展	韩天骄	王志强	王子霖	毕建坤
	韩　刚	刘　舫	宫晓东	陈　枫	华玉柱	崔　武
	王世清	赵国彬	陈　浩	芝　鼐	姜钰茜	全崇聚
	李　侠	宋长津	汪　裴	张家瑞	李　娟	拉巴平措
	宋连鸿	王国成	刘洪涛	安维军	孙成芳	王　震
	唐　飞	李　雪	周丹蕾	郭　明	王毓刚	卢　瑶
	宋　垣	杨　坤	赖晖林	刘小慈	张家瑞	韩　兆
	陈晓辉	鲍　慧	魏　强	付　丽	尹　丛	徐　聪
	主勇刚	傅思国	韩军征	张　铧	张兴亚	周新全
	吴建荣	张　勇	李沁奇	姜秀云	姜德山	姜云超
	姜　忠	姜商波	姜维才	姜耀东	朱明刚	刘绪利

	冯 鹤	冯致远	胡元斌	王金锋	李丹丹	李姗姗
	李 奎	李 勇	方士华	方士娟	刘干才	魏光朴
	曾 朝	叶浦芳	马 蓓	杨玲玲	吴静娜	边艳艳
	德海燕	高凤东	马 良	文 夫	华 斌	梅昌娅
	朱志钢	刘文英	肖云太	谢登华	文海模	文杰林
	王 龙	王明哲	王海林	台运真	李正平	江 鹏
	郭艳红	高立来	冯化志	冯化太	危金发	仇 双
	周建强	陈丽华	叶乃章	何水明	廖新亮	孙常福
	李丽红	尹丽华	刘 军	熊 伟	张胜利	周宝良
	高延峰	杨新誉	张 林	魏 威	王 嘉	陈 明
总编辑	马康强	张广玲	刘 斌	周兴艳	段欣宇	张兰爽

总　序

　　我们每个人心中都有自己崇拜的名人。这样可以增强我们的自信心和自我认同感，有益于人格的健康发展。名人活在我们的心里，尽管他们生活在不同的时代、不同的国度、说着不同的语言，却伴随着我们的精神世界，遥远而又亲近。

　　名人是充满力量的榜样，特别是当我们平庸或颓废时，他们的言行就像一触即发的火药，每一次炸响都会让我们卑微的灵魂在粉碎中重生。

　　名人带给我们更多的是狂喜。当我们迷惘或无助时，他们的高贵品格就如同飘动在高处的旗帜，每次招展都会令我们幡然醒悟，从而畅快淋漓地感受生命的真谛。只要我们把他们视为精神引领者和行为楷模，就会不由自主地追随他们，并深刻感受到精神的强烈震撼。

　　当我们用最诚挚的心灵和热情追随名人的足迹，就是选择了一个自我提升的最佳途径，并将提升的空间拓展开来。追随意味着发现，发现名人的博大精深，发现时代赋予我们的使命，发现最真实的自我；追随意味着提升，置身于名人精神的荫蔽之下，我们就像藤蔓一般沿着名人硕大粗壮的树干攀援上升，这将极大地缩短我们在黑暗中探索的时间，从而踏上光明的坦途。

不要说这是个崇尚独立思考的年代，如果我们缺乏敬畏精神，那么只能让个性与自由的理念艰难地生长；不要说这是个无法造就伟人的年代，生命价值并不在于平凡或伟大。如果在名人的引领下，读懂平凡世界中属于自己的那本书，就能够成为最好的自己。

名人从芸芸众生中脱颖而出，自有许多特别之处。我们追溯名人成长的历程，虽然每位人物的成长背景都各不相同，但或多或少都具有影响他们人生的重要事件，成为他们人生发展的重要契机，并获得人生的成功。

名人有成功的契机，但他们并非完全靠幸运和机会。机遇只给有准备的人，这是永远的真理。因此，我们不要抱怨没有幸运和机遇，不要怨天尤人，我们要做好思想准备，开始人生的真正行动。这样，才会获得人生的灵感和成功的契机。

我们说的名人当然是指对世界和人类做出突出贡献的伟大人物，他们包括著名的政治家、军事家、发明家、文学家、艺术家、思想家、哲学家、企业家等。滚滚历史长河，阵阵涛声如号，是他们，屹立潮头，掀起时代前进的浪花，浓墨重彩地描绘着人类的文明和无限的未来，不断开创着辉煌的新境界和新梦想，带领我们走向美好的明天。

政治家是指那些在长期政治实践中涌现出来的具有一定政治远见和政治才干、掌握权力，并对社会发展起着重大影响作用的领导人物。军事家是指对军事活动实施正确指引或是擅长具体负责军事行动实施的人，一般包括战略军事家和战术军事家。

政治家、军事家大多充满了文韬武略，能够运筹帷幄，曾经叱咤风云，纵横天地，创造着世界；书写着历史，不断谱写着人类的辉煌篇章，为人们留下了许多宝贵的精神财富和物质财富。

科学发明家是指专门从事科学研究和发明，并做出了杰出贡献的人士。他们从事着探索未知、发现真相、追求真理、改造世界和造福人类的大学问。他们都有献身、求实、严谨和持之以恒的精神，都具有一颗好奇心。从好奇心出发，他们希望探知事物规律，具有希望看到事物本质一面的强烈意识与探索激情。还有就是他们都有恒心，他们在科学研究中不断努力，努力，再努力，锲而不舍，具有永不止步的追求精神。

文学家是指以创作文学作品为自己主要工作的知名人士和学者等。其中，诗人是指诗歌的创作者，小说家指小说创作者，散文家指散文创作者，而文学家则是指在诗歌、小说、散文、戏剧等各种文学体裁领域均取得一定成就的创作者，他们是人类精神财富的创造者。

艺术家是指具有较高审美能力和娴熟创作技巧并从事艺术创作劳动而具有一定成就的艺术工作者。进行艺术作品创作活动的人士，通常指在绘画、表演、雕塑、音乐、书法及舞蹈等艺术领域具有比较高的成就，并具有了一定美学造诣的人。他们是生活中美的发现者和创造者，极大地丰富着我们的生活。

哲学家、思想家是指对客观现实的认识具有独创见解并能自成体系的人士。思想主要是用言语和符号来表达的，而致力于研究思想并且形成思想体系的人就是哲学家、思想家。他们用独到的思想解决生活中遇到的问题，且在此过程中逐渐认识自我与宇宙，以此解决人们思想认识上矛盾迷惑的问题。他们是我们人类灵魂的工程师，塑造着我们的人格，探讨所有人类重要的问题和观念，并创造出一种思考和思想的能力，闪烁着智慧的光芒，照耀着人类前进的步伐，推动着人类思想和精神不断升华，使人类不断摆脱低级状态，不断走向更高境界。人是有思想和精神的高级动物，因此，哲学家和思想家是人类不可或缺的，是我们人类的伟大导师。

企业管理家是最直接创造财富的人。他们创造物质财富，推动社会不断进步，使得人们更加幸福。财富虽然只是一个象征，但它与人们的生活、国家的发展、民族的强盛等息息相关。企业家也创造巨大的精神财富，他们在追求财富过程中所表现出来的创新、冒险、合作、敬业、学习、执著、诚信和服务等精神，是我们每一个人学习的榜样。

我们追踪这些名人成长发展过程中的主要事件，就会发现他们在做好准备进行人生不懈追求的进程中，能够从日常司空见惯的普通小事上，碰撞出思想的火花，化渺小为伟大，化平凡为神奇，从而获得灵感和启发，获得伟大的精神力量，并进行持久的人生追求，去争取获得巨大的成功。

影响名人成长的事件虽然不一样，但他们在一生之中所表现出来的辛勤奋斗和顽强拼搏的精神，则大同小异。正如爱迪生所说："伟大人物最明显的标志，就是他们拥有坚强的意志，不管环境怎样变化，他们的初衷与希望永远不会有丝毫的改变，他们永远会克服一切障碍，达到他们期望的目的。"

爱默生说："所有伟大人物都是从艰苦中脱颖而出的。"因此，伟大人物的成长也具有其平凡性。正如日本著名歌人吉田兼好所说："天下所有伟大人物，起初都是很幼稚且有严重缺点的，但他们遵守规则，重视规律，不自以为是，因此才成为名家并进而获得人们的崇敬。"所以，名人成长也具有其非凡之处，这才是我们应该学习的地方。

英国著名哲学家培根说："用伟大人物的事迹激励青少年，远胜于一切教育。"为此，本套作品荟萃了古今中外各行各业最具有代表性的名人，阅读这些名人的成长故事，探知他们的人生追求，感悟他们的思想力量，会使我们从中受到启迪和教育，让我们更好地把握人生的关键，让我们的人生更加精彩，生命更有意义。

简　介

温斯顿·伦纳德·斯宾塞·丘吉尔（Winston Leonard Spencer Churchill）（1874—1965），政治家、画家、演说家、作家、记者，还可以称之为预言家、发明家、战略家、外交家。丘吉尔的一生虽主要从事政治活动，但他的历史著述和传记文学写作也成就卓著。

1874年11月30日，丘吉尔出生在英格兰牛津郡的一个贵族世家。他从小便被送入寄宿学校学习，曾就读于当时著名的哈罗中学。1893年勉强考入桑赫斯特陆军军官学校后，由于志趣相投，毕业成绩名列前茅，获军官资格。1895年，以少尉军衔编入皇家第四骑兵团。此间发表了大量报告文学作品。1899年，丘吉尔退伍参政。

第二次世界大战爆发，丘吉尔任张伯伦内阁的海军大臣。1940年，他临危受命，出任首相，领导英国人民保卫英伦三岛，并积极展开外交活动，与美苏结盟，形成国际反法西斯统一战线，为反法西斯战争的最后胜利做出重大贡献。

1965年1月24日，丘吉尔卒于伦敦，享年91岁。

丘吉尔在第二次世界大战的关键时刻，在处理对苏关系问题上，以一个杰出政治家的巨大勇气和高度灵活性，从英国人民的根本利益出发，完成了英国政治和他本人政治生涯中的重大历史性转折。

毫不犹豫地与苏联结为盟国，使不同意识形态下的反法西斯力量在特定的历史条件下结成了统一战线，从而保证了赢得战争的最后胜利。同时，也使英国迈向日不落帝国的传奇。

丘吉尔一生中写出了26部共45卷（本）专著，1953年，他被授予诺贝尔文学奖。他在一生中多次经历的议员竞选中，在议会的辩论中，尤其是在第二次世界大战中的重要时刻，发表了许多富于技巧而且打动人心的演讲，给人们留下了极深的印象。

丘吉尔是第二次世界大战期间带领英国人民取得反法西斯战争巨大胜利的英国首相，是和罗斯福、斯大林同为"三巨头"而矗立在世界史册上的历史伟人。

丘吉尔是著作等身的作家、辩才无碍的演说家、经邦治国的政治家、战争中的传奇英雄。他的言语以及与之相应的行动，唤起了世界各地千百万人们心中的信念和希望。

丘吉尔活跃的一生跨过了英国历史的一整个时代。他最早参加的战争是用步枪甚至长矛作战的，可是他最后领导的战争却已用上了原子弹。

他对历史和对现实同样重视，甚至对未来也怀有浓厚的兴趣，因此他非但不守旧，而且力图创新，这和他知识渊博，见多识广不无关系。

他在第二次世界大战中显示的领导才能使他被承认为现代英国最显赫的政治家，名震全球的英国一代名相。

在他之后，英国尚无人能与之相提并论。

目　录

诞生在舞厅更衣室里 …………………………… 001
沉迷于兵器玩具 ………………………………… 005
倔强厌学的学生 ………………………………… 009
受到英雄人物的激励 …………………………… 012
常遭嘲笑的末等生 ……………………………… 015
精心建造动物城堡 ……………………………… 020
对历险游戏绝不退缩 …………………………… 025
度过最悲伤的一年 ……………………………… 030
珍惜分秒读书学习 ……………………………… 035
古巴之行收获颇丰 ……………………………… 039
感悟知识的真谛 ………………………………… 043
战地报道轰动英国 ……………………………… 046
创作小说引起广泛评论 ………………………… 049
发表对战争的独特见解 ………………………… 053
在南非成功越狱 ………………………………… 057
为选保守党议员奔波 …………………………… 062
成功发表亮相演说 ……………………………… 065

为了政见退出保守党 …… 068
任殖民地事务部次官 …… 072
担任商务大臣 …… 075
迟到的美满姻缘 …… 078
出任内政大臣 …… 082
担任海军大臣 …… 084
亲自率部上前线 …… 087
驾驶飞机和发明坦克 …… 092
退出政坛入军界 …… 095
重返政界任军需大臣 …… 101
推动多项新发明 …… 104
身兼数职的内阁大臣 …… 107
从连续落选中崛起 …… 111
担任最困难的职务 …… 115
丰富多彩的休闲生活 …… 119
在纽约的不幸遭遇 …… 126
识破德国军国主义企图 …… 131
临危受命担任内阁首相 …… 137
敦刻尔克胜利大撤退 …… 143
紧要关头努力结盟 …… 147
在东地中海艰苦角逐 …… 152
打响不列颠战役 …… 156
促成反法西斯统一战线 …… 161
进一步促进英苏关系 …… 164
火炬登陆照亮北非 …… 169

实施霸王登陆计划 …………………… 173

解散战时内阁 ………………………… 178

发表铁幕演说 ………………………… 182

再度出任首相 ………………………… 185

荣获诺贝尔文学奖 …………………… 188

举行首相辞职宴会 …………………… 193

耄耋之年奋斗不止 …………………… 197

顽强老人长寿有道 …………………… 201

生命之光最后闪耀 …………………… 205

附：年　谱 …………………………… 209

诞生在舞厅更衣室里

1874年11月29日夜晚,玛尔巴洛公爵家的布莱尼姆宫被烛光照得通亮。悠扬的舞曲在乐池中升起,打扮漂亮的贵族夫人、迷人的豪门小姐们,身着燕尾服的贵族、有产阶级的男士们开始翩翩起舞。

一位金黄色头发、长脸颊、高鼻子漂亮惹眼的少妇,挺着略显凸起的肚子与一个风度翩翩的公子跳得正欢,长摆裙和燕尾服在疯狂旋转中潇洒地飘起。

突然,那年轻漂亮的少妇止住舞步,痉挛似的弯腰捂住自己的腹部。伴舞的年轻贵族惊呆了,立即喊来女仆,把少妇架到女更衣室。少妇坚持不住,大声呻吟。一位年长的夫人匆匆进来,见状皱起眉头说:"她要生了,快叫助产士!"

医生匆匆赶来。舞厅里满怀兴致的贵族们依旧在跳舞,好像什么事也没发生。乐声、舞步伴着少妇的呻吟。在舞会快要结束时,那少妇终于止住了呻吟。

经过八小时阵痛,这少妇于1874年11月30日凌晨1时30

分生下了一个男孩，此时仅为婚后七个半月。次日的英国《泰晤士报》报道：

> 丘吉尔家族又添新贵。昨天晚上，伦道夫·丘吉尔的夫人生下一子。

谁也不会想到，这个刚刚出生的孩子，就是后来闻名世界的英国首相丘吉尔。

丘吉尔有一个显赫的家庭。他的祖父是第七代玛尔巴洛公爵，外祖父是美国地产业富商，父亲曾任保守党的财政大臣，所以他被认为是"口含银匙出世的人"。从第一代玛尔巴洛公爵逝世以后，这个爵位便没有再闪现过光彩。中间几代玛尔巴洛公爵大都是王孙公子类型，有的在临终时还负债累累。

第七代玛尔巴洛公爵约翰·温斯顿·斯宾塞·丘吉尔是个拘谨、吝啬、严肃、笃信宗教的人，他给儿子写信也像在宣教讲道一样。

这门公爵主持家庭也按照宗法家长制，譬如一家人进餐时必须保持严格的礼仪等。公爵还亲自动手为全家人，包括所有的孩子切割和分配烤肉。公爵的第三个儿子生于1849年，取名伦道夫·亨利·斯宾塞·丘吉尔，他就是后来的英国首相丘吉尔的父亲。

伦道夫长相不是很端正，暴突眼，小脑袋，在尹顿公学读书时常受同学们嘲笑，却也因此激励了他着力锻炼自己的机智和辩才。后来他就学于牛津大学，但学业平平。

可是伦道夫在他父亲第七代玛尔巴洛公爵的扶掖下，凭着自己的坚强意志和雄辩之才，成了一位著名的政治家。24岁时，他代表他们家族所控制的议员伍德斯托克选区，进入了议会。

1873年8月，即伦道夫进入议会的前一年，他在舞会上认识了美国姑娘珍妮·杰洛姆，两人一见钟情，不久便决定结婚。双方家长起初都反对这门亲事。身为英国贵族，却去娶一个美国平民，这在玛尔巴洛家族史上似乎是闻所未闻的事情。

女方的父亲莱纳德·杰洛姆是纽约的一名从事地产及股票交易的富商，要他同英国贵族结亲，虽不算最满意，但勉强凑合。

最后由于双方当事人的坚持，婚礼于1874年4月在英国驻巴黎大使馆内举行。伦道夫勋爵和珍妮·杰洛姆婚后不久便一起回到英国，居住在牛津郡的布莱尼姆宫。

这对有钱的年轻夫妇，结婚之后更加欢快地享受着时光，他们每天跳舞、打牌、赴宴、游玩。在他们尽情的玩乐中，一个小生命开始在母腹中孕育。对此，伦道夫毫不在意，珍妮也一无所知。他们照旧尽情而痛快地过着年轻贵族们的生活。因此，这才把丘吉尔生在了舞厅的更衣室中。在这种地方出生的首相可真不多啊！

降生在舞厅更衣室中的丘吉尔从父母那里获得了生命和姓名，之后，他就被交给了保姆。当时英国上流社会流行的风尚是夫人们生孩子而不抚养孩子。

丘吉尔来到这个世界上，最先认识的并不是父母，而是保姆。丘吉尔的保姆伊丽莎白·安·艾夫勒思特太太是一个尽职尽责的下层妇女。她从小丘吉尔处在襁褓中就开始喂养他，把他照顾得舒舒服服，使他获得了健康的发育。

幼年的丘吉尔长得一点也不漂亮，大大的额头、细长的眼睛、有棱角的嘴和较短的脖子，没有一点灵气，没有活泼可爱的神情，总是哭丧着脸。过了周岁生日，也还没有人听到过他的笑声。

这也难怪，普通人家生下孩子后，母亲理所当然地要养育他们。因为是亲骨肉，所以，母亲会用心血去喂养孩子。妈妈不仅给孩子喂奶，而且一有空闲就抱起孩子，有文化的给孩子唱儿歌，没有文化的教孩子说话。最差的父母也知道逗着孩子乐。

丘吉尔的保姆对他虽然很好，但只有生活的照顾，毕竟缺少血肉亲情。丘吉尔两岁时随父母来到都柏林，虽然和父母住到了一起，但父母仍无心照顾他。伦道夫勋爵忙于自己的政治活动，对儿子的存在毫不关心。夫人珍妮则忙于上流社会的社交应酬，间或来看儿子一眼。

在丘吉尔的心目中，父亲只是一个板着面孔、令人望而生畏的人。关于母亲，丘吉尔在许多年之后这样写道："我深切地爱着她，但却是从一段距离之外。"

有些传记作家便认为，丘吉尔的脾气倔强，同他年幼时缺少父母的关怀有关。

保姆伊丽莎白·安·艾夫勒思特太太是位生性和善的妇女，她一直照料着丘吉尔，跟着丘吉尔家一起去伦敦，赴爱尔兰，后来还照顾丘吉尔的弟弟杰克并兼管家务，直到丘吉尔兄弟长大成人。

丘吉尔亲昵地称艾夫勒思特为"爱姆"。丘吉尔小时候照料他的是爱姆，在他上学之后经常写信给他问寒问暖的是爱姆，他在学校遭鞭笞后爱抚他的也是爱姆，艾夫勒思特太太的慈爱深深地留在丘吉尔的记忆里，很多年以后还念念不忘。

沉迷于兵器玩具

小时候的丘吉尔不仅不聪明，而且有些笨拙。两岁多了他说话还是吐字不清，虽然不停地嘟嘟囔囔，但谁也听不懂他在说什么。学会说话之后，他发音不准，而且还有点口吃。

丘吉尔接受能力不强，对老师教的东西常常记不住或听不进去。

每次上课都是在老师的耐心劝说下丘吉尔才能静下来，而且稍不顺心，就坚决不干了。只有他感兴趣的事情，才能说一遍就记住，但这样的事情实在是太少了。

丘吉尔倔强、固执的性格，在几岁时就显现出来了。丘吉尔幼小的年纪时，遇到不满意的事情，他先是闷声对抗，接下来就是握拳跺脚，有时还高声怒吼。

到了学数字的年龄，家庭教师耐心地教丘吉尔数字。可是，他不喜欢学习数字，一两个星期也学不会几个简单的数字。他不仅没有学会应该学的数字，反而学会饶舌了。

一天，一位女家庭教师就要跨进丘吉尔家大门。小丘吉尔还没有学会26个英文字母，他害怕在生人面前丢人现眼，听到教师来的消息后，他就神不知鬼不觉地悄悄溜出门去，躲进附近的灌木林中。

艾夫勒思特太太跑到屋外树林中到处寻找，累得她上气不接下气。捉了几个小时的迷藏，终于从一棵大树后面把他拖回家里，又劝又哄地把他交到女教师跟前。

从此，小丘吉尔开始了受尽拘束的日子。学识字还不太难，但学算术，没完没了的习题，真是烦死人。

小丘吉尔要母亲向老师求情。

丘吉尔的母亲虽然赞成美国自由宽松的教育方式，但是"入境随俗"，她不便干预按英国传统对儿童进行的严格管教。何况儿子是名门望族之后，如果因为教育放松，日后庸碌无才，有辱世家门庭，她可担当不起这个责任。因此母亲对儿子的哀求不予理睬。

小丘吉尔只好"自己解放自己了"。每当女教师有事或没有察觉，他就到那间小游艺室里去玩；就是女教师在场和加以阻止，只要他学习学累了或者对功课内容感到索然无味时，他也公然拔腿就走，进了那间游艺室的房门从里面把门闩上，让人对他无可奈何。

家里为丘吉尔装设了宽敞漂亮的游艺室，为他买了车、马、刀、枪、火炮、小房子、小锡兵等玩具，还有各种各样的笔、文具、连环画等。

在所有这些物品中，小丘吉尔最不喜欢的是文具，最喜欢的是兵器玩具，尤其是各种各样的火炮和那一大堆小锡兵。

游艺室是小丘吉尔专有的儿童乐园。他经常一个人躲在游艺室里面没完没了地玩各种兵器，对 1500 个小锡兵发号施令。

小丘吉尔经常把家庭教师搞得头痛。换了几任老师，除了一人发现这孩子记忆力很好，但仅限于他自己喜欢的内容外，几乎都没有发现丘吉尔的其他任何优点。年轻的父母拿他没有一点办法。

一天夜里，伦道夫躺在床上刚要入睡，突然被一阵喊杀声惊醒了。

他侧耳一听，不由得苦笑起来。原来，这是他的两个宝贝儿子丘吉尔和杰克发出的声音。

"这两个小家伙，准是又在玩打仗的游戏了，我得去教训教训他们。"老丘吉尔一边想着，一边下了床。

伦道夫来到儿子们的卧室门前，往门里一瞧，噢！这两个小家伙正趴在床上，各自"指挥"着一队玩具兵，一会儿冲锋，一会儿防守，一会儿是远距离交火，一会儿是近距离肉搏，他们的四只手忙个不停。

同时，两张嘴也没闲着，一会儿是"开枪"，"哒哒哒"；一会儿是"开炮""轰轰轰"；一会儿是"吹号""嘟嘟嘟"；一会儿又是"冲啊""杀啊"地喊了起来。丘吉尔和杰克玩得可来劲啦！就连父亲走进了房间他们也没有发觉。

父亲看着他这两个宝贝儿子，真是又好气又好笑。

他轻轻地咳嗽了一声，然后说道："两位将军，战争该结束了吧？"

小丘吉尔和杰克一惊，这才看到父亲来了，于是都不好意思地放下了手中的玩具兵，悄悄地爬上了床。

"真扫兴！"小丘吉尔嘟囔了一句，不过声音很小、很轻，只有他自己才能听到。

父亲看到丘吉尔不高兴地嘟起了小嘴,严肃地说道:"温斯顿,你已经上中学了,还这么贪玩,将来能有出息吗?"

"爸爸,"丘吉尔抬起头来辩解道,"我没有贪玩,我这是在学习布阵打仗。"

"天哪!学习布阵打仗?哈哈!"父亲大声地笑了起来,"温斯顿,难道将来你想去带兵打仗吗?"

"是的,爸爸。"丘吉尔认真地答道,"我将来要成为一名军人!"

"你为什么想当军人?"

"保卫祖国,保卫和平。"丘吉尔挺起胸脯说道。

"好!好!"父亲的眼睛里露出了赞许的目光。

小小年纪,天天摆布玩具部队,发号施令,玩不厌的搏斗、拼杀、演习,过不尽的将军瘾。

支配丘吉尔一生的强烈的好斗个性和出人头地的领袖欲望,就从这种从小玩了十几年的游戏中潜滋暗长,逐步发展起来。

倔强厌学的学生

1881年11月的一天，年满7岁的丘吉尔被家人送到阿思克特小学。这是一所为名门望族办的贵族学校，这里的设备一流，房屋宽大，有室内游泳池、体育馆、足球场等一般小学校没有的设施。这所学校学费昂贵，收学生很少，每班只招10名学生。

这所学校的教师都有硕士以上的学位，但教学方式陈旧、古板，传统味道很浓，对学生的要求苛刻。

丘吉尔很不情愿地被送进了学校。在上学的第一天，他就领教了学校的严厉，而老师也了解了这个学生的固执。

丘吉尔走进他讨厌的教室里，老师给他一本课本，说："把上面的文字读一读。"

"我一个字也不认识，念不出来。"丘吉尔理直气壮地说。

"你以前没学过拉丁文吗？"老师问。

"没有。"丘吉尔回答。

"这是一本拉丁文法书，你必须学会它。"老师命令道。

过了一会儿，老师转回来问："你都会念了吗？"

"我想我都不会念。如果我都会念了,我妈妈就不用送我到学校这里来了。"丘吉尔不无责怪地说。

"你哪个不会念?"老师略带怒气地问。他想这肯定是个不好"修理"的学生。

"这个是什么意思?"丘吉尔指着一个单词问。

"桌子的意思。"老师不耐烦地回答。

"为什么叫桌子而不叫别的呢?"丘吉尔故意问。

"对于这个问题,你可以去问书本。"老师没好气地说。

"如果我能问书本的话,到学校里来干什么呢?"丘吉尔扯着嗓子说。

"我想你是存心捣蛋。如果你坚持这样做的话,明天你就会知道有什么后果。"老师愤愤地走了。

丘吉尔从小长到现在,还没有一个人这样对待过他。他气愤地握紧拳头,狠狠地砸在老师给他的书本上。从此,他与这个老师结下了仇。丘吉尔是个很记仇的人。

第二天,是学校对学生的体罚日。丘吉尔和其他同学被带到了图书馆的大厅,全部立正站直。只见两个学生被老师提着衣领拖走,片刻,从隔壁房间里传来"噼噼啪啪"的声音,伴随着一声声的惨叫。里面传出的抽打声、惨叫声和求饶声,吓得包括丘吉尔在内的所有学生都心惊肉跳。

这所学校有个规矩,每个月两三次把学生召集到图书馆,确定一两个犯错误最严重的学生,带到一个房间进行体罚,让其他学生听着体罚学生们挨打时的惨叫声。

大约过了半个小时,两个口角流着鲜血的学生被拖了出来。站在大厅里的学生个个吓得面无血色,神情惊恐。

初次经历这种场面的丘吉尔不知道发生了什么，起初有些恐惧。后来他用上牙把嘴唇咬得深深的，拳头捏得紧紧的，表现出异常的愤恨。

小学课程内容是很简单的，主要是拼写、读音、计算。在这些课程当中，只要是丘吉尔喜欢的，他就学得很快；不喜欢的，教几遍他也学不会。他对英文的读和写很感兴趣，学得很好；而对数学和拉丁语却很反感，因而就学得很差。

在这所贵族小学里，丘吉尔最不适应的是学校的各种规矩。他在家自由散漫惯了，习惯于无拘无束、自由自在、我行我素的生活，不愿受到任何约束。

其他贵族子弟也有这种习惯，但那些孩子胆小、随和、听话，在老师的教育和体罚下，逐渐适应了学校的管理。

丘吉尔生性倔强，个性极强，而且越是压迫性的教育，他反抗得越厉害。所以，他与学校的纪律及老师的管理始终格格不入。老师把他视为令人讨厌的孩子，他则把老师视为仇人。

入学半年左右，体罚教育终于落到了丘吉尔身上。他被老师狠狠地抽了一顿鞭子。这顿鞭子不仅没能使他适应学校的生活，服从学校的管理，反而使他更倔强了。他对老师和校长恨得咬牙切齿。

为了不再挨揍，丘吉尔尽量避开老师，既不顺从他，也不明目张胆地对着干。他想得最多的是什么时候放假。他一天天地算时间，熬日子，真有些像蹲监狱的人一样，度日如年。

由于心情不愉快，精神处在极度压抑中，再加上学校的管理方式不当，丘吉尔的身体日见衰弱。

丘吉尔在这所学校坚持了两年多，健康状况越来越差，经常闹病，后来在学校的建议下，父母把他接回家。

受到英雄人物的激励

丘吉尔回到舒适的家中，又恢复了往日随心所欲的生活习惯，回到了他的儿童游艺室，这才体会到家中生活的幸福。

丘吉尔9岁这年，爸爸带着他到巴黎旅行。

巴黎可真漂亮啊！与伦敦相比，巴黎更加华丽、幽雅，更加时髦。而且晴朗的天空让一切都显得生机勃勃。

丘吉尔立刻喜欢上了这座浪漫的城市。他坐着马车，在大街上转来转去，总也逛不够。

巴黎街头有许多美丽的雕塑，有一个雕塑让丘吉尔特别感兴趣。

那是一位武士，英姿勃勃地骑在马上，左手拿着盾牌，右手挥着宝剑，一副要去冲锋陷阵的架势。奇怪的是，那好像是个十八九岁的女孩子。

"爸爸，你看那个雕塑。"丘吉尔忍不住问爸爸，"那个武士怎么是个女孩子？"

"那是圣女贞德的雕像。"爸爸回答说。

"圣女贞德是谁呀？"

"这可是很久以前的故事了。"爸爸看了看好奇的丘吉尔，说，"贞德是法国东北部东雷村的牧羊女，童年时代就目睹了英国侵略者的种种暴行。由于受到民族意识和勤王思想的影响，贞德姑娘挺身而出，毅然参加了抗英斗争。"接着，爸爸给他讲起了这个故事的来龙去脉。

15世纪时，英国和法国之间进行的那场百年战争。有一段时间，英国军队获胜，占领了法国北部，包围了战略要地奥尔良城。

就在英军入侵的危急时刻，贞德姑娘女扮男装，投奔尚未加冕的王太子查理。她来到沃古勒尔城，见到城防司令波德梨库尔时的第一句话便是："上帝派我来拯救法兰西，为查理太子加冕。"于是，波德梨库尔派兵护送贞德，前往王太子所在的中部小城什农。

经过长途跋涉，贞德终于见到了查理王子。她激动地对查理说："给我武器，给我军队，我要立即去解救奥尔良城，把英国人从整个法国的土地上赶出去！"贞德的虔诚和单纯，深深地打动了王太子，查理王子终于同意贞德的请求，授予她一面王旗、一把宝剑和马匹，还有部队和武器装备，让她率领一支军队去解救奥尔良。

贞德手持宝剑，骑着白色战马，率领7000名法军浩浩荡荡地出发了。贞德的行动激起了法国人民的爱国热情，当时流行的宗教信仰也使许多人坚信贞德的神圣使命。因此，大批群众志愿参加到她的队伍。

贞德身先士卒，率先冲入敌阵，给士兵们以很大的精神鼓励。她带领法国军队里应外合，两面夹击，扭转了整个战局，成功地为奥尔良城解了围，被人们称为"奥尔良姑娘"。然后，她继续率领法国军队与英国军队作战。

第二年，贞德在一次战斗中被俘。英国组成宗教法庭，判决说她是个女巫，并将她处以火刑，活活烧死。人们都很崇敬她，为了纪念贞德姑娘,人们称她为"圣女"。

丘吉尔听得入了迷。当他听说贞德竟然被活活烧死时,眼泪忍不住流了下来。

爸爸问他:"温斯顿,贞德是法国人的英雄,你可是个英国人啊!难道你不恨她吗?"

"不,爸爸,她是为了祖国的自由而战的,她是个圣女。我很尊敬她。"丘吉尔严肃地回答说。

他们父子俩特意买了一大束鲜花,敬献在圣女贞德像前,丘吉尔还向她深深地鞠了个躬。

丘吉尔父子坐着马车,继续兜风,很快来到著名的协和广场。协和广场上有许多纪念碑,是巴黎极富特色的旅游景点。

一向注意观察的丘吉尔又忍不住向爸爸提问题:"爸爸,为什么有些纪念碑用布盖着呢?"

爸爸非常耐心地给丘吉尔解释说:"那些是代表法国各省的纪念碑,每个省都有一个。有两个省是阿尔萨斯和洛林,在上次战争时被德国夺走了,法国人很不高兴,就把那两个省的纪念碑用布盖上。他们希望有一天把那两个省夺回来,才让纪念碑重见天日。"

晚上回到旅馆,丘吉尔在床上翻来覆去地睡不着觉。他总是在想,万一哪天英国被敌人的军队入侵,甚至一些城市被敌人夺走,那该多么可怕呀!

丘吉尔想,要是有敌人敢来打英国,我当然得去打仗了,哼!我才不让人夺走英国的城市呢!不过,要是像贞德一样,被活活烧死,那可就太糟糕了。

丘吉尔想来想去,心里乱糟糟的,又是激动,又有点害怕。

终于,他望着窗外皎洁的月亮,下定了决心:就算被烧死,也一定不让人夺走英国的一寸土地。

丘吉尔这才安下心来,终于甜甜地睡着了。

常遭嘲笑的末等生

在家疗养中的丘吉尔很快就康复了。但恢复健康的丘吉尔表示坚决不再上那所让他倒霉的贵族学校了。父亲根据别人的建议，把他送进了适合于小学生学习的一所预备学校。

这所学校不体罚学生，但丘吉尔对这里的纪律照样不适应。他依然自由散漫，我行我素，在学习上也无长进。

老师对丘吉尔的评价认为：这是一个最固执、最倔强、最不守纪律的学生。

但是，丘吉尔这个不算笨的学生，在三年中学习了法语和历史，背会了一些诗歌，而且阅读能力超过了他的应考能力，也超过了他的年龄。

再就是体育运动成绩不错，学会了游泳和骑马。

丘吉尔到了上中学的年龄。按照他的身份和家庭地位，他可以进尹顿中学，但由于功课不好，再加上不守纪律，只能选择哈罗中学。

但是在入学考试中，丘吉尔再次遇到了麻烦。他喜欢历史和英文，但主考却偏重于拉丁文和数学，这恰恰是他最不愿意学，也是成绩最差的科目。

丘吉尔的数学考试不及格，这是预料之中的。但拉丁文的考试更令人发笑。考试要求学生用拉丁文写一篇作文。在两个小时内，丘吉尔只写出了一个单词，剩下的时间给这个单词画上了大大的括号，然后又在每个字母的下面各点上一个大黑点。

他拉丁文考试的成绩是可想而知的。老师给他的考卷画了一个大大的"O"。

按照成绩，哈罗中学根本不可能录取丘吉尔。但父亲托人找关系，学校看在这位前财政大臣的面子上，收下了丘吉尔。

但在编班时，哈罗中学把丘吉尔分在了班中入学考试成绩最差的小组里。在这个小组中，他是倒数第三名。

学校为了激励学生们好好学习，根据考试成绩排队，每次点名都从高分点起。

被点到名字的学生，必须从原来的队伍里走出来，经过老师身旁，然后到点过名的队伍中去。

每次点到还剩最后三名时，才轮到叫丘吉尔的名字。

每当点到他的名字时，只见这个魁梧的小伙子，自信地昂着头，噘着嘴，倔强愤怒地从老师身边走过。这时，同学们常常发出一阵嘲笑声。

有一次，丘吉尔的父亲来哈罗中学参观。许多人都认识这位前财政大臣，也认识他那个学习成绩和名声都很差的儿子。

因此，当点名点到丘吉尔时，只听人们在窃窃私语：

"瞧，这就是伦道夫勋爵的儿子。"

"还好，他后面还有两个人，哼哼！"

虚荣心极强的伦道夫听了这话简直无地自容。他暗暗发誓：丘吉尔学习成绩不改变，再也不来哈罗中学参观了。

丘吉尔的学习成绩不好，绝不是由于他过于蠢笨，而是固执，甚至偏执。

对于丘吉尔喜欢的东西，说一遍他就能记住。他有非凡的记忆力和执着精神。但对不感兴趣的知识，不管多重要，也不管你说多少遍，他就是不学。

来到新学校的丘吉尔，不仅没有改掉以往不守纪律、不爱学习、自由散漫的恶习，而且又增加了新的毛病，即搞恶作剧捉弄别人。

丘吉尔常常在别人聚精会神读书时，悄悄走到人家的身边，对着耳孔大吼一声，把对方吓得一愣。此时，他会得到极度的快感。

有一阵子，丘吉尔几乎走到哪里，就把坏事做到哪里，但干坏事最多的地方还是游泳池。

丘吉尔喜欢游泳，没事就到学校宽大清澈的游泳池泡着，边泡边干坏事。学生们游泳游累了，经常在池边晒太阳，或买来小吃，边吃边聊。

每当这时，丘吉尔就寻找一个便于捉弄的对象，蹑手蹑脚地走到那人身后，突然将其推入水中，把对方搞得惊叫一声，而他自己却获得了开心一笑。

学生们对丘吉尔这种无赖行径很不满意，就告到校长那里。

有一天，校长把丘吉尔叫去。对他说："丘吉尔，请注意你的表现，我有充分的理由对你表示不满。"

"听着，先生。"丘吉尔针锋相对地回答。

"我也有充分的理由对你表示同样的不满。"

校长见他如此无赖，拿他也没办法。

丘吉尔的这种状况使得他的父母大伤脑筋，老师们对他的行为表现也很不理解，只有他的美国外祖父伦纳德·杰洛姆对他表现出豁达的乐观。

老杰洛姆说："让他去吧！男孩子在找到了可以显示才能的场合后，自然就会变好的。"

的确，认为丘吉尔迟钝、低能的人其实并不真正了解他。对自己爱好的学科，比如历史，他充分地显示出足够的学习才能，也能取得优异的成绩。

在哈罗中学时就可以看出，丘吉尔继承了父亲的非凡记忆力。他非常喜爱著名历史学家麦可尼的作品。

有一次，丘吉尔背诵麦可尼关于古罗马的一本书，背了1200多行竟然毫无差错，令老师和同学们为之惊叹不已，对他刮目相看。

丘吉尔还能大段大段地背诵莎士比亚作品中的台词。当老师在讲课时引述《奥赛罗》或者《哈姆雷特》有了误差时，他总能发现并加以纠正。

除此之外，哈罗中学能令丘吉尔喜爱的东西还有体育和军事训练。

丘吉尔在学校里可以参加步枪队接受操练和射击训练；步枪队有时还组织学生进行以别的学校为假想敌的战斗演习或战术拉练。

丘吉尔还积极投入其他的体育锻炼，练出了很棒的骑术和游泳技能。而他取得最大成功的体育项目是击剑，并在一次公开比赛中取胜，赢得了银质奖章。

像丘吉尔这样年龄的孩子，自然也免不了有调皮捣蛋的时候。

有一次，丘吉尔弄坏了学校附近一座空房子的几扇窗户，被抓住之后他挨了校长一顿鞭打。

还有一次，丘吉尔不慎将一位名叫艾默里的高班学生推入游泳池中。艾默里个子不高但身体强健有力，从游泳池里爬起来后找丘吉尔算账。丘吉尔被迫向他道歉，还说了些"我爸爸是个大人物，可也是个小个子"之类好听的话。

学校发的学生报告单上的评语："丘吉尔并非有意惹是生非"。

但由于丘吉尔的性格所决定，他总是免不了惹麻烦。他从来不能很好地遵守学校规定的纪律，也难以完全适应学校设置的课程和考试制度，成绩一直上不去，因而中学毕业后进大学深造的希望十分渺茫。

这使丘吉尔的父母为他将来的出路十分担忧。

精心建造动物城堡

丘吉尔13岁这一年,爸爸在郊外买了一所房子。每当学校放假的时候,丘吉尔和弟弟就会到这儿玩个够。

这里可和伦敦不一样,没有数不清的街道,阴沉沉的房屋和雾蒙蒙的天气。在这里,天气总是晴的,能看到蓝天上有白云在飘呀飘的。还有一大片无边无际的草地和美丽的树林。

丘吉尔非常喜欢躺在草地上,闻着新鲜青草的香味,看着云彩在天上奔跑。

不过,丘吉尔最喜欢的,还是和弟弟杰克一起,跟着看林人一起去打兔子。

这里野兔子多极了,丘吉尔躺在草地上的时候,就能听见附近有兔子啃食青草的"咔嚓、咔嚓"声。

可是看林人带着丘吉尔和杰克去打兔子时,常常什么也打不着,空着手回家。这是因为杰克太小了,还只有7岁,他比丘吉尔小了整整6岁。

带着杰克的时候,丘吉尔为了照顾他,就不能跑得太快。而且丘吉尔和杰克这兄弟俩都那么爱说话,叽叽喳喳地一刻也停不住,兔子老远就被吓跑了。

总也打不着兔子,多没意思啊!杰克不高兴了,哭闹着非得让哥哥弄只兔子来。

丘吉尔就坐在草地上想了半天,终于想出了一个好办法:给兔子挖陷阱!

他们在厨房里找了几根胡萝卜,然后在看林人的帮助下,在野兔子经常出没的地方挖了一个陷阱。

丘吉尔带着杰克,远远地趴在草丛里,盯着那堆胡萝卜,等着有兔子上当。

过了一会儿,真的有一只兔子被吸引来了。它站在胡萝卜附近,长耳朵一抖一抖的,像是在想:怎么有美味的胡萝卜呢?不会有危险吧?

丘吉尔和杰克两个人都紧紧抿着嘴唇,一声也不敢出,生怕把兔子吓跑了。

终于,兔子抵挡不住胡萝卜的诱惑,向前一跳,一下子就落入了陷阱。

兄弟俩高兴坏了,提起兔子,俩人一个劲儿地抚摸它那光滑柔软的毛皮。

"哥哥,我们怎么安置它呀?"杰克舍不得吃掉兔子,就向丘吉尔讨主意。

丘吉尔从小就足智多谋,并且对弟弟有求必应,只要弟弟有什么要求,他总能想办法办到。这次,他决定为兔子安个家。

丘吉尔找来许多木条和木板,拿着锤子,钉子,叮叮当当地忙了一整天,在家的旁边盖了一个木棚。

"杰克,这就是我们兔子的新家。"丘吉尔得意地说。

杰克一边给哥哥打下手,递东西,一边打量着这个木棚子。

木棚子不算很漂亮,不过很结实,而且很大,足以称得上一座小房子了。

"哥哥,兔子自己住在这么大的房子里,会很寂寞的。"杰克对这个木棚很不满意。

丘吉尔满不在乎地说:"当然不是让它自己住了,你等着瞧吧!"

没几天工夫,木棚里果然热闹起来。丘吉尔和杰克为兔子带来了许多伙伴,有一只豚鼠,一只猫,几条小狗,一大群小鸡。

每天,兄弟俩都带着一大堆食物来看他们的宝贝。

杰克总是陪这只小鸡聊聊天,同那条小狗说说话,在木棚里一待就是大半天。

丘吉尔则每次都是一喂完动物们,就跑到木棚外边,拿着把铁锹挖沟。

杰克奇怪极了:"哥哥又要做什么呀?"

丘吉尔神秘地告诉杰克:"我要把这里建成一座城堡,这是我们的领地,我们是城堡的国王。"

"真的吗?"杰克吃惊地瞪圆了眼睛。"那你是在挖护城河了!"

城堡终于建成了。他们不光在木棚四周挖了一条护城河,还把附近小河的水引到了护城河里。

丘吉尔又在河上修了一座吊桥,谁要想进木棚,必须得从吊桥上过护城河。

这可真像是一座真正的城堡!大人们见了这兄弟俩的杰作,都夸他们又聪明又能干。兄弟俩很高兴,决定给自己的城堡起个名字。

"既然是小动物们住在那儿,就叫'兽堡'好了。"丘吉尔的脑子转得就是快。

亲戚朋友家里的小孩子听说丘吉尔兄弟有一座兽堡,都很羡慕,纷纷跑来参观。

兄弟俩总是像个好客的主人,得意地展示自己的杰作。在他们心目中,这兽堡可不比布莱尼姆宫差。

有一次,他们的小表妹来做客。男孩子对女孩子要殷勤照顾,这样才有绅士风度嘛!于是,丘吉尔和杰克热情地邀请小表妹参观兽堡。

"哎呀!多壮观的兽堡。""这只小鸡多可爱。""喵,喵,美丽的小花猫……"小表妹在这座小动物王国里玩得开心极了。

他们正玩得高兴的时候,天忽然黑了下来,是可怕的暴风雨来了。

狂风猛烈地刮着,把小石块都吹得漫天飞舞。冰凉的雨点像鞭子一样往人的身上抽。

小表妹望着黑漆漆的天,被吓哭了:"呜!妖怪要来了!我害怕。"

杰克也吓得紧紧拉住丘吉尔的手。

兽堡里的小动物们也吓坏了,"喵喵喵""汪汪汪""唧唧唧"的乱成一片。

丘吉尔一点儿也不慌张,就像是身经百战的大将军一样镇定。他看了看风向,就把兔笼交给杰克,让他抱紧,又把猫交给小表妹抱着,自己则把小表妹抱起来。

"撤退!"他一声令下,带领弟弟往回跑。

吊桥在暴风雨中摇啊摇的,好像随时都会塌下去。丘吉尔一点儿也不害怕,毫不犹豫地跑上桥。小表妹吓得在他怀里闭上了眼睛,杰克也紧张地抓住哥哥的衣襟。

三个人飞快地跑回了家。

暴风雨总是来得快,去得也快。

还好,兽堡修得很结实,小动物们只是受了惊,并没有遇到危险。

从此以后,小表妹更加崇拜这个大哥哥,老是把他称作英雄,弄得丘吉尔时常脸红。

对历险游戏绝不退缩

在那个时代，贵族出身的青年男子所学的专业中最令人羡慕的就是神学、法律和军事。因为前两项专业都需要掌握大量的经典著作和古典文学作品，而经典语言的拉丁文又是丘吉尔最薄弱的环节，因此，最适合丘吉尔的专业只能是军事了。

好在丘吉尔自小就对军事饶有兴趣，喜欢玩打仗的游戏，7岁起就长期摆弄一千多个锡兵组成的部队，把它们摆成各种战斗阵式，别出心裁、花样翻新地设计调兵遣将的方案。

伦道夫还是为丘吉尔的前程担忧。尽管不愁钱物，但年轻人总应该找个正当的职业去做。

在丘吉尔很小的时候，有一次，他正在房间里和弟弟杰克玩打仗的游戏，父亲走进来看见了，就问他说："你将来想干什么？"

"当一名大英帝国的军官。"丘吉尔脱口而出地回答。

伦道夫想，他这个样子，看来确实不是考大学的材料，就对他说："当军官必须经过军校，你打算考军校吗？"

"是的，有这个打算。"丘吉尔回答。

丘吉尔的父亲综合考虑了儿子的个性特点及当时的热门专业等种种因素之后，决定让儿子将来投考桑赫思特皇家军事学校。

为此，丘吉尔在哈罗中学转入了被其他同学嘲笑为"笨蛋乐园"的军事专修班，为将来投考军校做准备。

父母为丘吉尔选择了英国有名的桑赫思特军事学校，但进这所学校要经过严格的考试。

桑赫思特皇家军事学校位于伯克郡，离萨里郡的坎伯利火车站也很近，是英国军队培养步兵和骑兵军官的主要基地。当时每年需缴纳的学费为150英镑。该校学生几乎全部出身于上流社会家庭，因为在昂贵的学费之外，毕业成为军官之后仍需要家庭的金钱资助，所以贫寒卑微之家的子弟无法问津。

在哈罗中学毕业后，丘吉尔踌躇满志地参加了桑赫思特军校的入学考试。

丘吉尔虽然在哈罗中学已经做了些准备，但他在投考桑赫思特皇家军事学校时还是两次都名落孙山。

为了替丘吉尔补习法文，母亲将他安排到凡尔赛一个法国人家里生活了一个月，还为他介绍了许多巴黎的朋友。

丘吉尔相当喜欢在法国这段补习法文的经历。他与这家法国人相处得很好，不仅能运用许多法文成语给妈妈写信，还养成了大胆讲法语的习惯。尽管他的口语很不规范，但足以完整表达自己的意思，这一点对他后来与法国军政要人打交道显出了极大的作用。

丘吉尔回国后，父母又将他送到詹姆斯上尉为军校输送考生办的补习班。这是由哈罗中学校长推荐的。詹姆斯上尉开办的这所特殊学校，就是专门给那些投考桑赫思特军校的成绩很差的学生提供临阵磨枪的地方。

就在丘吉尔准备第三次投考之前,一件意外的事故使他中断了在补习学校的学习。丘吉尔去凡尔赛补习法语的这年秋天,他的姑母温珀恩夫人把她在珀恩默斯庄园里的宽大别墅借给他们一家过冬。丘吉尔在寒假时也赶来这里与家人团聚,一起度过新年。

丘吉尔爱玩的那些游戏都有可能给他带来危险。1893年1月的一天,18岁的丘吉尔与弟弟和表弟玩追逐游戏。当时他同杰克和表弟一起玩抓人游戏,他在前面跑,两人在后面追。丘吉尔想方设法要甩开步步紧追的杰克和表弟,当两人猛然要抓住他的时候,他正跑在一座横跨深沟的桥上。

丘吉尔决计不让他俩"俘获",就纵身向桥旁边的一棵大树跃去,企图抓住树梢,然后顺着树干滑下,免得掉进沟里。

非常不幸,树枝承受不住他的身重,丘吉尔跌入了近30米深的山谷里。当时,他被摔得头破血流,一侧肾脏也摔坏了,整整昏迷了三天三夜。

丘吉尔的母亲听说后,风风火火地带着医生乘救护车大老远赶来营救。经过三个多月的精心治疗,他才基本恢复健康,重新开始了学习。

丘吉尔养伤期间同父母住在一起,从而使他接触到了政治活动。因为他家是一些高层政治家经常聚会、讨论政治问题的地方,许多议员和保守党的中坚分子是他家的常客。

伤好以后,他还常到下院旁听议会辩论,关心政局的变化。甚至向往着有朝一日父亲能东山再起,他就会跟着父亲投身政坛,支持父亲的政治斗争。

可以说,这段短暂的养伤生活,对丘吉尔未来的人生发展,起到了不容低估的潜移默化的重要作用。

丘吉尔康复后继续回到詹姆斯上尉的学校里进行补习，尽可能运用上尉的方法强化自己应付考试的能力，结果他如愿以偿了。

1893年8月，丘吉尔考入桑赫思特皇家军事学校。为了培养丘吉尔和杰克的吃苦精神，父亲伦道夫在这一年安排他们兄弟俩去瑞士进行徒步旅行。

瑞士是一个风光秀丽的山国。在瑞士境内的阿尔卑斯山和汝拉山，都是世界著名的风景胜地。

丘吉尔和杰克每天都背着沉重的行李，在山路上艰难地行进。虽然旅途非常辛苦，不过沿途欣赏着阿尔卑斯山和汝拉山的美景。兄弟俩觉得多辛苦都是值得的。

为了观赏日出，丘吉尔和杰克甚至不顾危险，在夜里徒步登上阿尔卑斯山顶峰。

当看到黑沉沉的夜渐渐被绚丽的朝霞驱散，一轮鲜红的太阳从霞光中喷薄而出时，兄弟俩激动得紧紧拥抱在一起。

"上帝啊！还有比这更壮美的景象吗？"

在瑞士著名的风景区罗桑湖，优美的湖光山色更是让兄弟俩流连忘返。

为了充分欣赏罗桑湖的美景，丘吉尔约了当地的一个男孩儿一起去湖上泛舟。

湖水是那么清澈，美丽，不好好畅游一番该是多么可惜呀！

丘吉尔灵机一动，建议下水去游泳。

"好啊！"同伴毫不犹豫地答应了。

他们让船在湖面上随意地漂着，自己跳到湖中游了个痛快。

正在游得畅快的时候，天色突然变了。湖上起了大风，他们的小船被吹远了。

罗桑湖的面积非常大，若是没有小船，丘吉尔他们是不可能靠游泳回到岸上的。于是，他们两个人奋力追赶小船。

天气越来越糟，风浪越来越大。他们一次次靠近了小船，又一次次被风浪从手边把小船夺走。

在游了足足有1公里远之后，丘吉尔和同伴都已筋疲力尽，可小船却还在50米外随着波浪颠簸。

这时，同伴已经坚持不住，渐渐被波浪吞没了。丘吉尔也觉得浑身累得一点力气也没有了，胳膊好像已经麻木，腿也要没有知觉了，整个人只想好好睡一觉。

但是丘吉尔清醒地意识到，在这生死关头，生的机会全要靠自己去争取了。他咬紧牙关，用麻木的双臂奋力与波涛搏斗。

十米……五米……两米……一米，丘吉尔离小船越来越近。终于，他使出全身最后一丝力气，向前一扑，一把抓住了船舷。

丘吉尔来不及休息，一边喘着粗气，一边用快要冻僵的双手把小船往回划，救起了奄奄一息的同伴。

丘吉尔坚信，不论面对的是多么强大的敌人，只要不退缩，坚持奋斗，最终总会取得胜利的。

度过最悲伤的一年

1895 年，是丘吉尔由少年向成年过渡的重要年头，也是他的生活发生重大变化的一年。这年元月，他的父亲过早地去世。他的外祖母伦纳德·杰洛姆夫人也于 4 月病故。而对丘吉尔感情冲击最大的，恐怕还是 7 月老保姆艾夫勒思特太太的去世。

1895 年 1 月 23 日夜里，在伦敦丘吉尔家的大宅子里，气氛显得极为沉重。

年轻的丘吉尔站在窗边，额头紧抵着冰凉的玻璃窗，被泪水模糊了的双眼茫然地望着窗外在寒风中抖动的树枝。

丘吉尔没有想到，自己刚刚从军校毕业就接到了父亲病危的通知。父亲只有 46 岁，他还很年轻呢！

丘吉尔慢慢地回忆起，自从上军校以后，他和父亲之间的关系就越来越融洽了。

刚考上军校的时候，父亲得知丘吉尔成绩不高，只是勉强能被录取时，大发雷霆。

"你这么懒懒散散，听天由命，轻率从事，如果再不努力，就会堕落成为社会的废物!"

父亲还特意写了一封信责备丘吉尔。

丘吉尔知道,父亲的自尊心很强,自己的成绩不高使得父亲觉得很没面子。而且,丘吉尔因为成绩差,只能读学费很高的骑兵班,这给家里增加了沉重的经济负担。

丘吉尔理解父亲的难处,所以并不因为父亲的责备而心怀怨恨。这时,为了将来能实现自己的理想,丘吉尔已经知道刻苦用功了。

父亲非常支持丘吉尔的学业,从各处给他搜集了许多有用的参考书寄到学校里去,帮助他学习。

随着丘吉尔在学业上的进步和性格上的成熟,父亲非常高兴,渐渐以他为荣,说他"漂亮、潇洒",称赞他"变得稳重了"。

父亲甚至带他到政界的朋友家里去做客,让他同大家一起讨论问题,认真听取他的看法。

有时候,父亲会送名牌的雪茄烟给丘吉尔,对他说:"温斯顿,这盒雪茄是给你的,省着点,别抽太多的烟。"

然后父子俩就像朋友一样,一人叼着一支雪茄烟,在一起高谈阔论。

这时的父亲,对丘吉尔是那么尊重,完全把他看作是平等的伙伴,而不是一个小孩子。

就在这时候,母亲有一天突然提出来要陪着父亲到世界各地去旅行。

以前没听他们提过要去旅行啊!而且周游世界是件大事,怎么能这么仓促地决定下来,说走就走呢?丘吉尔觉得很不安。

在父亲和母亲出门之后,丘吉尔找到了父亲的保健医生罗斯,对他说:"医生,我的父亲和母亲最近身体还好吧!"

"挺好的。"罗斯医生的回答不那么干脆,目光还躲躲闪闪的。

敏锐的丘吉尔发现了罗斯医生的破绽,非得打破砂锅问到底:"他们最近做了身体检查,我想看一下检查报告。"

罗斯医生没有办法,只好拿出了检查报告。

这一看,把丘吉尔惊得目瞪口呆。原来,父亲早就得了不治之症,最近病情更是迅速恶化。

当他知道真相后,丘吉尔不禁对母亲有种深深的敬佩:母亲是在陪着一个即将被病魔夺去生命的人旅行啊!这实在是一件让人心碎的任务,母亲却毫无怨言地承担下来。

为了给父母的旅途增加愉快,丘吉尔给他们写了很多信,信里的话是那么温柔、体贴,表现出丘吉尔是那么的懂事。

为了让父亲能高兴一点,丘吉尔在军校里更用功了,他要取得优异的成绩,好让父亲觉得光彩。

可是就在丘吉尔终于以出色的成绩毕业,即将成为军官的时候,父亲已经到了生命的最后时刻。

1月24日,伦道夫·丘吉尔病逝了。

几天之后,穿着一身黑色丧服的丘吉尔和母亲、弟弟一起,护送着父亲的灵柩回到故乡。

他们将父亲葬在丘吉尔家族的墓地,家族中的许多成员死后都长眠在这里。

墓地的位置十分偏僻,终年万籁俱寂,一片古朴的气氛。面对父亲的墓碑,丘吉尔不禁感慨万千。

父亲的一生短暂而杰出,他是丘吉尔奋斗的楷模。父亲的事业遇到严重挫折后，始终未能东山再起，所以父亲的晚年一直不太快乐。

丘吉尔暗暗发誓：一定要创造出比父亲当年更辉煌的成就，实现父亲的遗愿。

这一年，对于丘吉尔来说，实在是悲伤的一年。他的外祖母伦纳德·杰洛姆夫人也于4月病故。而对丘吉尔感情冲击最大的，恐怕还是7月老保姆艾夫勒思特太太的去世。

其实自己父亲伦道夫患病之后，因为要支付高昂的医疗费用，丘吉尔家里的经济状况已经越来越糟糕了。

不得已，母亲辞退了艾夫勒思特太太，因为他们已经支付不起她的工资了。

但是对丘吉尔来说，爱姆从未离开过他的生活。他一有空就去探望爱姆，尽自己的力量给爱姆一些经济上的帮助。他永远也忘不了，爱姆对他是多么关怀、体贴，像爱自己的儿子一样爱他。现在，她也去世了。

曾经在丘吉尔童年时代给予他关怀和指导的人一个接一个地离开了他，这对他是很大的打击。

艾夫勒思特太太去世时，丘吉尔已是一名现役军官，但他还是请假去参加了艾夫勒思特太太的葬礼。

为了让爱姆在死后也能风光体面，丘吉尔还从自己微薄的津贴中挤出钱来，为她立了一块大墓碑，上面写着："亲爱的爱姆，我永远不会忘记你的。"

抚摸着墓碑，丘吉尔喃喃自语。丘吉尔没有违背自己的诺言，一直到几十年后他已是著名的政治家时，办公室里也还挂着爱姆的肖像。

就在伦道夫勋爵去世前夕，丘吉尔顺利通过了桑赫思特皇家军事学校的毕业考试，这表明他在校学习期间有了长足的进步。他在马术训练这一科目中的考试成绩最好，因而他便萌发了加入骑兵部队的强烈愿望。

丘吉尔希望被分配到第四骠骑兵团，因为他原来就认识常来他家做客的该团团长布莱巴索上校，他对这位威尔士亲王的好朋友、多次荣立战功的指挥官十分钦佩。

丘吉尔请母亲给布莱巴索上校写信提出这项请求。上校很快回了信，出主意让他们请求总司令坎布尼奇公爵同意。坎布尼奇公爵收到信后立即欣然予以批准。

珍惜分秒读书学习

1895年2月20日，丘吉尔被正式任命为军官，并被分配到第四骠骑兵团。就这样，这位新任的骑兵中尉从此开始了自己的戎马生涯。

丘吉尔所在的第四骠骑兵团驻扎在奥尔德肖特镇。这里四十多年来一直是军事基地。虽然丘吉尔的军衔已经是中尉军官了，但在入伍的最初半年里，按规定需要和普通新兵一样，每天有例行的两小时马术训练、一小时的马厩值勤和90分钟的操练。

"齐步走！"

"立正！"

"向左转！"

操练是最累人的，也是最枯燥无味的训练了。丘吉尔同所有新兵一样，最讨厌参加操练。他喜欢的是马术训练。

在骑兵团里，丘吉尔充分享受到了纵马驰骋的快感。为了驯服性情暴烈的战马，他毫不气馁。他本来骑马的技术就很棒，现在进了骠骑兵团更是如鱼得水。他一骑到马上，就立刻精神抖擞，容光焕发，在一身戎装的映衬下，漂亮的蓝眼睛更显得炯炯有神了。

看，他骑着马跑起来了！在他高超骑术的控制下，马与人仿佛合为一体。他的战马似乎也被他无所畏惧的精神所鼓舞，对着高高的障碍毫不胆怯，一跃而起，轻而易举地跨了过去，把一起训练的同事远远抛在了后面。

当然，丘吉尔也有失手的时候，有时因为马跑得太快，丘吉尔一把没抓住缰绳，就会被狠狠地摔在地上。

这时候，帽子丢了不说，还滚了一身的泥土，胳膊腿上也碰得青一块紫一块的，一副狼狈相。

不过丘吉尔一点儿也不在意，他掸了掸身上的泥土，跳上马继续练，不然怎么能掌握高超的骑术呢？

军队的生活是很呆板、单调的。丘吉尔从小好动，怎么受得了这种拘束呢？丰富的业余生活对他总是有着很大的吸引力。他经常打马球，参加在奥尔德肖特举行的赛马会中的障碍赛马项目，并表现得相当勇敢出色。

奥尔德肖特镇是个比较大的城市，有许多社交活动，给军营里的小伙子们解闷。丘吉尔因为在军队里表现出色，而且面貌英俊，举止优雅，谈吐风趣，所以很受大家欢迎，每当有晚会举行，总是能收到请帖约他参加。

丘吉尔收到了这么多邀请，以至于只要他愿意，他可以每天晚上都去参加舞会。但是，丘吉尔克制着自己，努力与浮华的生活保持距离，他可不想在轻松的社交活动中浪费宝贵的生命。

在骑兵部队服役期间，许多高级军官对丘吉尔羡慕有加，乐意满足丘吉尔的愿望。虽然他为军队中"思想呆板"的状况而深感苦恼，可他不想在轻松的社交活动中忘记这一点，而是想以求知的方式弥补它。他对业余时间做了计划安排。于是，他开始系统地读一些经济学和历史方面的书籍。

在这期间，丘吉尔先读了亨利·福西特的《政治经济学》，还计划对吉本的《罗马帝国衰亡史》和莱基的《欧洲的道德》等著作做一番深入细致的研究。一大堆深奥难懂的书摆在了丘吉尔的书桌上，成了他每天辛苦操练后的必做功课。

"温斯顿，真搞不懂，你干吗不去参加舞会，偏在这儿自讨苦吃。"总是有人这么问丘吉尔。

丘吉尔只是笑笑，不作回答。他们怎么能懂得丘吉尔的伟大志向呢？

有时候，丘吉尔因为盛情难却，不得不去参加舞会。遇到这种情况，丘吉尔就会随身带上他的小箱子。

可别小看了这只箱子，里面装着书籍、纸张和墨水，就像一个小型办公室。在悠扬的乐曲声中，丘吉尔会先简单地和主人寒暄几句，然后就找个角落坐下，心无旁骛地看书学习。

亲人们的去世使丘吉尔深切地意识到了生命的短暂和可贵。丘吉尔曾认真地想过：自己还能活多久？

丘吉尔心想：父亲去世时是46岁，如果按照父亲的寿命来推算自己的寿命的话，自己大概也只能活四五十岁。

现在丘吉尔已经快满21岁了，也就是说只有20多年好活了，时间宝贵呀！

这宝贵的20多年应该如何度过呢？难道像大部分贵族青年一样花天酒地，寻欢作乐，醉生梦死地度过吗？

现在的丘吉尔已经不是几年前的纨绔子弟了，他已下定决心要创立一番功业，让自己的名字永远镌刻在大英帝国的纪念碑上。

为了实现理想，从现在起，他要珍惜每一分每一秒，尽可能早地建功立业。

为此，胸怀大志的丘吉尔已经开始关注政治，密切注意着1895年的大选情况，为在今后几年内参加类似的竞选活动做准备。

丘吉尔从政的意识和素质都较强，对政治的感觉准确，眼界较高；既比较投入，又有一种超然之感。这对他投身政治大有益处。然而从此时到他登上政坛，自然还有很长的一段路途要走。

古巴之行收获颇丰

年轻人大多讨厌平淡无奇的岁月，渴求轰轰烈烈、新奇浪漫的生活。

丘吉尔尤其喜欢冒险与刺激，他认为战争是立功的最好机会，也是实现抱负的最佳捷径。

丘吉尔这样想着，摊开了世界地图，在上面寻找硝烟弥漫之地。在本土3300万平方公里面积的大英帝国的版图上，竟然处处不见炮火的踪影，抢夺与镇压殖民地的战争正处于一个间歇期。

当视线像过筛子一般扫到西半球中部的加勒比海地区时，丘吉尔蓦然发现，古巴丛林中透射出烽火的点点红光，西班牙的殖民军正在同起义的古巴游击队交战。就像掘墓人挖到沉睡地下的财宝一样，激动的心一下子从胸腔跳到了他的嗓子眼。

英国同古巴没有联系，如何通过西班牙的中介架线搭桥？正好父亲老友亨利·沃尔夫担任英国驻马德里大使。以玛尔巴洛公爵八世侄的身份，凭父亲的老关系，丘吉尔想去古巴的要求得到了沃尔夫的大力支持。

丘吉尔是个现役军官，突然离英赴古，父亲的老朋友、新任陆军总司令沃尔斯利元帅将他介绍给情报部。情报部为了给他提供方便，要他尽可能搜集有关西班牙军队当时使用的新式枪弹质量的情报，安排他以出公差的名义进行这次战地旅行。

当时英国规定，骑兵军官可以享受的一大好处，便是每年有五个月的假期。1895 年 10 月，在丘吉尔当上骑兵中尉之后的八个月，他就轮上了一次休假。

丘吉尔决定利用这次假期，和自己的同事雷金拿德·巴恩思中尉一起，到正在发生激烈战斗的古巴去亲身体验一下"传奇般的生活"，从而获得实际的军事经验。

1895 年 11 月下旬的一天，丘吉尔和巴恩斯在黎明的曙色中登上哈娃那海岸。冒险的生涯眼看就要开始了，丘吉尔心中产生一种略带夸张的宏伟想法：

也许我会在这里成为举世闻名的英雄，也许我会默默无闻地死去。不管成功还是失败，都会有人责备我好战，让世人去说三道四吧！

一个在和平年代生活而又渴望迅速成长的年轻军官，如果不企盼打仗，那才是难以理解的呢！

古巴气候温暖，雨量充沛，植物繁茂，土地肥沃，景色秀丽。

丘吉尔完全沉醉在这个岛国迷人的风光中，赞不绝口地说："美啊！美啊！怪不得西班牙人称她为西印度群岛的珍珠。"

丘吉尔和巴恩斯被安置在一家豪华的饭店里，被当作盟国的重要使节一般来接待。

第二天，他们要求亲临战场。搭上汽车之后又坐船，还徒步穿越了原始森林，经过几天行程，来到机动部队驻地。

11月30日，是丘吉尔的21岁生日，在这一天，他经受了第一次战斗洗礼。

在清晨行军时忽然队伍后部枪声大作，古巴游击队发起了袭击。浓雾散去，敌人已不知去向。

西班牙军人拿着长刀，边走边砍除藤蔓杂草，在大森林中开路前进。天快中午才吃早餐，指挥官命令士兵坐在马匹旁吃随身所带的干粮。丘吉尔从参谋那里领来半只烧鸡正坐下撕着吃。

突然，一阵急促的枪声又从林中响起，他身后的一匹马受惊跃起，被子弹击中，鲜血淋漓，倒在血泊中。

"好险啊！"子弹的呼啸声停止以后，丘吉尔毕恭毕敬地向替死的马鞠了一躬："谢谢你。"

另一天晚上，天气热得无法入睡，丘吉尔同两个参谋到附近的小河游泳。他头枕石块，浑身泡在清凉的浅水中，不觉昏昏睡去。忽然，一颗子弹从他头上飞过，把他吓醒。他慌忙提着裤子，躲进密林中去。

这一夜，枪声时响时停。丘吉尔起初提心吊胆，不敢睡觉。但是想到游击队出没无常，防不胜防，又见西班牙士兵照样呼呼入睡，他便也在睡睡醒醒的状态中熬到天明。

丘吉尔把在古巴的所见所闻前后写了五篇通讯，刊登在《每日写真报》上。

他和巴恩斯中尉都得到了西班牙政府的嘉奖，被授予红十字勋章，以表扬他们的勇敢。

古巴之行的收获激起了丘吉尔旅游异国并为报纸写通讯的强烈

兴趣。他想：如果能常到海外去增加军事阅历，赢得几枚勋章，肯定对自己的政治前途有利。从事新闻写作还能使他名扬四海，因此还得想办法找机会出国。

回国后，丘吉尔在他的圈子里赢得了更多的名声。这位21岁的年轻军官不仅由于他刚从古巴战场回来，还由于他的战地通讯已得到很多人的赞赏，于是他又成了各种宴会和舞会上受欢迎的嘉宾，从中结识了不少各界名流。

古巴之行是丘吉尔自我设计、个人奋斗、急功近利、加快人生上升进程的发轫初试之作。他对自己的这一习作自我感觉非常良好，他终于成功地办完了一件似乎绝不可能的大事，而且收获颇多。

丘吉尔走向了海外，接触了实战，对于生死和功名的关系有了种种复杂真切的体验。年纪轻轻就有如此重要阅历，实属难能可贵。不过丘吉尔后来承认，在这次行动中有些年轻人常犯的轻率与鲁莽。

古巴之行，还给丘吉尔一生的嗜好和习惯留下两个鲜明的烙印。他在古巴染上了抽雪茄的嗜好。

直到老态龙钟，驼着背，拄着手杖，嘴里还叼着一支香烟。嗜吸雪茄烟，简直成了丘吉尔个人的"商标"。

丘吉尔的古巴之行还有另一个烙印，那就是向西班牙人学到了不论春夏秋冬，每天在最热的时候就午睡的习惯。

而且他还推而广之，有所发展，即使在寒冬腊月，也要午睡。他一天能做一天半的事，从不感到疲劳，并说就是得益于坚持午睡这一科学的作息习惯。

感悟知识的真谛

1896年春天,英国政府决定将第四骠骑兵团编入印度驻防部队。这次万里赴戎机将长达十几年之久,为了让军官们出国前有充分时间处理私事,政府给了他们长达半年的假期。

这是丘吉尔有生以来休息时间最长的一段时光。但日子一长,对无意义的逸乐生活便产生了厌倦。他也渐渐发觉豪门贵族与穷困大众之间存在着一道明显的鸿沟。这种无所作为、平庸懒散的日子终于结束了。

1896年8月,全团1200人乘坐运输舰从南安普敦港出航,经过二十多天波涛汹涌的颠簸,9月的一天,眼前出现耸立云天的椰子树和巍峨壮丽的宫殿,他们到达了印度孟买港。

换了小船,驶近码头。风从岸上吹来,卷起大浪,把摇荡的小船又冲离码头。经过几次努力,当船再次靠上码头时,丘吉尔飞快地抓住岸壁的铁环,一脚踏上石阶。

正在这时,又一个大浪冲来,小船猛烈地摇晃,在丘吉尔的手掌和身躯之间形成方向相反的拉力。他的右肩突然感到扭痛,上岸后才知道脱臼了!

以后,丘吉尔凡遇用力过猛,右肩就会脱臼,对于他喜爱的游泳、赛马和打球,行动颇为不便。不过,顽强加固执,使他宁肯脱臼,也不放弃这些运动。而且塞翁失马焉知非福,这次造成的不幸,却在以后救了他一条命。

在恩特曼冲锋中,因右肩脱臼只能拿手枪而不能拿军刀,当时要是拿军刀,可能他早已阵亡沙场了。

他由此总结出一种对待逆境和困厄的积极的人生态度:

我们不应对于不幸心存沮丧,相反应勇敢地面对现实。更何况这种不幸,如果你能从另外的角度来看,也未尝不是一件幸运的事。

就好像命运坎坷的人,总比一帆风顺的人活得更有意义更能体验人生一样。

从孟买登上长途火车,第四骠骑兵团全体官兵于10月间进驻印度南部德干高原的班加罗尔,维持驻地一带的治安。

这里的纬度很低,白天骄阳似火,由于海拔近千米之高,晚上却十分凉爽。营地周围盛开104种色彩绚丽的名贵玫瑰花,白天有蝴蝶在花丛中回旋飞舞,晚上有印度姑娘在月下翩翩起舞,环境富于浪漫情调。

但丘吉尔在给母亲信中说这段生活"贫乏单调、枯燥无味、百无聊赖"。尤其当他即将跨进23岁的门槛时,突然感到美好而宝贵的青年时期不久即将逝去,而他的知识库藏却还空空如也。思来想去,要实现追求功名的远大抱负,只有靠刻苦的自修,才能弥补知识的浅薄与不足。

决心既下,马上付诸行动。时间有的是,丘吉尔把同事们下午睡觉、打牌、品尝带苏打水的冰冻威士忌的闲暇时间都用在读书上。对他所喜欢的打马球也有所节制。

在热得让人心烦意乱、昏昏欲睡的下午,丘吉尔每天阅读四五个小时,全神贯注于书中丰富的内容和优美的文句中。

从名人如柏拉图、亚里士多德、叔本华、赖基、马尔萨斯、达尔文、吉本、麦考莱,到世界著名的著作如《理想国》《政治学》《人口论》《进化论》《罗马帝国衰亡史》《英国史》,丘吉尔获得了大量知识,接受了哲学和历史学的基本观点。

丘吉尔特别请母亲寄来一套《政治年鉴》,以便从中研究英国现代政治史。他仔细阅读,分类摘记。每次读到议会辩论重大问题的段落前,他就预先细想自己对此问题持何看法,阅读时再同与会者的各派观点进行比较。

丘吉尔特别喜欢八大本《罗马帝国衰亡史》,手不释卷地读了不止一遍。作者吉本那华丽铺张、崇尚辞藻的文风对丘吉尔影响很深,后来丘吉尔也写了多卷本的《世界危机》《第一次世界大战回忆录》《第二次世界大战回忆录》《英语民族史》等史学皇皇巨著。

丘吉尔钦佩麦考莱把历史人物刻画得栩栩如生的本领,并因此原谅了他认为麦考莱对自己的祖先玛尔巴洛公爵有所贬低的过错。为了尊崇和夸耀自己祖先的光荣,修正麦考莱书中给人留下的歪曲形象,丘吉尔后来撰写了四卷本的《玛尔巴洛传:他的生平和时代》。

这些著作所提供的哲学思想和历史教训,使丘吉尔怀着苏格拉底当年一样的心情来探讨英国的前途。他认为决定未来的是人才,而要造就人才必须革新教育,废除填鸭式的教学方法和制度,让青少年身心得到自由而平衡的发展。

丘吉尔也关心宗教问题。他读了温伍德·里德的《人类殉难记》,认为书中对基督教的批判很具体。以前在哈罗中学和军校,早晚祈祷是每天必修课程,他觉得这种仪式太形式化了。

战地报道轰动英国

在班加罗尔待了九个月之后,丘吉尔可以有三个月的假期。于是他经由意大利并稍作逗留后,回到了伦敦。

一天,丘吉尔在报上读到了印度西北边境爆发战斗的消息,大为兴奋,觉得一显身手的机会又来了。他马上给当地的英军司令布勒德将军发去电报,要求将他调去。

布勒德将军回电说编制已满额,但欢迎他作为战地记者前去西北边境。于是,他先向骠骑兵团请假,接着同报馆联系,取得了伦敦《每日电讯报》和加尔各答《拓荒者报》记者的身份,急急忙忙赶到了印度西北边境。

丘吉尔期望的是大战斗,可是实际上那里爆发的只是小战斗,尽管也十分惨烈。

印度西北山高谷深,白浪滔滔的溪河在海拔一两千米的悬崖峭壁下蜿蜒而急湍地奔流。这里世世代代是原始的帕坦部族的家乡,每个山民都是英勇的武士,每座房屋都是战斗堡垒,每个村庄、院落都修建了墙垛、枪孔、吊桥和烽火台。他们使用大刀、长矛、土炮和从英军夺来的洋枪战斗，曾在1863年把英国远征军杀得尸骨成堆。

现在，西北边境上的游牧部落帕坦人时常袭击英印驻军的一些前哨据点，英军便进行报复。游牧部落也有新式步枪，因此虽然是局部地区的冲突，但有时战斗也很激烈。

当布勒德将军在军营中设晚宴为这位战地记者洗尘时，有一段时间大家只能熄了灯在黑暗中进食，以确保安全。

1897年9月16日黎明，丘吉尔随同一支"清剿"队向深谷前进。突然，隐藏在峭壁悬崖岩石间的帕坦人连跳带跑地冲杀过来，英军惊恐万状，不一会儿就有五个人倒下了，两人已死，三人受伤。三个受伤的人，一人胸部被射穿，鲜血如泉涌；另一个腹部受伤，手抓脚踢地在地上打转；还有一个军官右眼被射出，满脸是鲜血，样子非常可怕。

英军抬起死伤者慌忙逃窜，帕坦人穷追不舍。其中一人挥刀向丘吉尔砍来，丘吉尔拔出长剑与他对杀。又一个敌人拾起大石头向丘吉尔扔来。丘吉尔一边躲闪，一边掏出手枪将他击毙。这时丘吉尔发现自己已陷入敌人重围，要不是逃跑得快，与之后赶来的援军会合，他几乎要被活捉。

双方激战了不长时间，伤亡不少，帕坦人朝山石后面退去，英印军也赶快撤离。丘吉尔又幸运地未受损伤，这次冒险所遭遇的风险实在太大了，而且似乎并无必要。

不过丘吉尔并不这样想，他对这类冒险可能付出的代价是计算过的。他在给母亲的信中毫无隐晦地表达出这种想法：

我骑上灰白色的小马，沿着散兵线行进，而敌人却匍匍隐蔽在那里。这或许是愚蠢的，但我下了巨额赌注，好让人们看到，再也没有比这更为勇敢或更有气魄的行动了。倘若失去了观众，事情就会变成另一个样子。

丘吉尔把亲身经历的西北边境的战斗，写成通讯寄给报社。通讯写得很生动，但没有完全透露事实真相。他不愿承认英印军队曾一度受挫，落入敌手的伤员遭到屠杀。也不愿揭示英印军队抓到敌人伤员时也同样残酷对待。他没有向英国公众透露英印军队使用了杀伤力很强的达姆弹。不过他曾对亲友谈到过他对这件事感到不悦。

丘吉尔还把战场经历写成一本书，名叫《马莱康野战部队纪事》，于1898年在伦敦出版。这本书生动地描绘了战场实景，并使读者能对远在印度西北边境的奇闻逸事有所了解，因此获得很大成功。

创作小说引起广泛评论

《马莱康野战部队纪事》一书出版后，使丘吉尔养成了"写作习惯"。由于他未能获准参加新的远征军，于是决定利用空闲时间进行小说创作。他写的小说名叫《萨夫洛拉》。

从那时直到后来他在政坛失利后的蛰伏的岁月，丘吉尔虽然从事了大量的写作工作，却从来没有把自己仅仅局限于写作领域，更没有打算成为一个职业作家，他有着更为宏大的理想抱负。

然而丘吉尔也清楚，文学与政治并不是毫无联系的；有时文学还可以作为政治的晋身之阶。比如，一度成为保守党人崇拜偶像的著名政治家迪斯雷利，就是以写小说起家并从文学领域走向政治生涯的。这或许是丘吉尔打算在文学创作上一试身手的主要动机之一。

事实上，在这部丘吉尔写作生涯中不多见的文学作品里，作者无疑写出了当时英国政治生活的许多特点。

作者在描写主人公对待政治问题的看法时，所表述出来的也不折不扣是丘吉尔自己对政治问题的观点。

许多评论者认为，这部名为《萨夫洛拉》的小说，其实是年轻的丘吉尔的政治宣言。

《萨夫洛拉》是虚构的地中海上劳拉尼亚国一位年轻的反对党领袖，他具有英勇、机智、博学、善辩等优良品格，在公众的支持下发动内战，推翻军事独裁政权。

这篇小说先在《麦克米伦杂志》连载，1900年2月出版，以后几次再版，直到丘吉尔80岁时还出了一版。

《萨夫洛拉》在艺术上显得有些抽象和粗糙，丘吉尔以后再也没有出版过小说。但它还是能引起不少人的兴趣。因为从书中某些形象身上，可以看到丘吉尔本人和他的父亲、保姆的影子。

值得引起读者注意的是，丘吉尔在场景描写的基础上，对人物性格的刻画和对其内心世界的揭示。书中描述了在总统府门前的广场上枪杀游行群众的场景，紧接着又以深入细腻的笔触对主人公的内心世界作了充分展示。丘吉尔写道：

不久前他目睹的那些令人触目惊心的场面不能不激发他的火一样的热情。压抑只能使他内心的火越烧越旺。值得那样干吗？斗争、劳动、一连串的事变、舍弃轻松愉快生活的许多东西，这是为了什么？人民的幸福，他很少感兴趣。

他非常明白，他做一切事情的主要动力是虚荣心，他无力抵御它。他理解并珍惜一个艺术家在生活中追求美好事物的喜悦，也理解并珍惜一个运动员从自己的活动中得到欢快的乐趣。

生活在寂静之中，像艺术和书本描述的那样，怀着哲学家的平静心情生活在美丽的公园里，远离人声嘈杂的地方并且完全摆脱各种事物，这当然安逸、舒适。

但他还是认为，他不能忍受这样的生活。他的天性是狂暴的、强悍的、勇猛的。充满抱负、动荡和不安的生活才是他唯一可以接受的生活。他应该勇往直前。

有的传记作家认为，这段心理描述勾画出了丘吉尔的完整形象，他在23岁写作《萨夫洛拉》时是这样，他在半个世纪之后结束自己的政治生涯时也是这样。

如果说小说的主人公身上在某种程度上反映出丘吉尔本人的思想和性格特征，那么在书中的几个次要人物身上，则反映出与年轻的丘吉尔生活经历的紧密联系。

书中有一位名叫贝蒂妮的老保姆，"她从萨夫洛拉出生之日起就忠心耿耿地细心照料着他，一直未曾间断过"。这与当年艾夫勒思特太太照料小丘吉尔的情况何其相似！

还有一位名叫狄罗的中尉，他渴望参加战斗以赢得勋章，爱好打马球，忠于自己的信念。人们认为这个人物是处于早年军队生涯的丘吉尔的化身。萨夫洛拉本人身上所具有的品格与才能，不仅反映出丘吉尔本人对理想化的追求与向往，也是与他对父亲的回忆分不开的。

而书中有一处情节，叙述了英国政府在接到劳拉尼亚政府义正词严的照会之后，派遣"侵略者"号军舰去进攻这个国家。"侵略者"号这个军舰名称显然有着强烈的象征意义。英国的御用评论家们曾为这个舰名而感到难堪，他们杜撰说，在丘吉尔写这部小说时，"侵略者"一词可能还没有现在那种令人反感的含义。

评论界对于《萨夫洛拉》的评价基本上是肯定的，当然也不乏一些批评。《学院》杂志认为这本书是"一部令人惬意的和振奋的作品"；《曼彻斯特卫报》认为该书"充满生气和活力"；《展望》杂志评论道，该书至少是"有趣的，给人们的闲暇时间增添了色彩"；《星期六评论》认为："他所描述的事件是真实的，而他刻画的人物则是抽象的"；《泰晤士报》评论说："在萨夫洛拉身上体现出来好的方面，本质上都是与战地通讯相关的"。

历史学家和传记作家们则从自己的角度来认识这本书的独特价值，认为它对于理解青年丘吉尔的内心世界是不可多得的、极为珍贵的第一手资料。

发表对战争的独特见解

尽管丘吉尔已在极短的时间内接连出了两本书，但他仍然有着一种紧迫感。他在给母亲的信中说："这是一个上进的年代，我们必须尽最大努力推进之。"

1898年夏天，丘吉尔又获得例行休假，便立即赶回伦敦，请求母亲设法帮他尽快调往英军驻埃及的部队，参加对苏丹的战争。而且，他已经预先雇好了仆役，收拾好了行装。

他的请求遭到了英军驻埃及部队司令基奇拿将军的拒绝。但丘吉尔是不达目的绝不罢休的人。他直接求助于英国首相索尔兹珀尼勋爵，首相则请英国驻埃及总领事克莱默勋爵帮忙。由于基奇拿要依靠克莱默勋爵的密切配合，同时他需要将第二十一轻骑兵团作紧急调动，于是同意给丘吉尔以新的任命。

8月初，丘吉尔乘船沿尼罗河上溯，去新的骑兵团报到。临行前，他同新结交的朋友、保守党《晨邮报》老板的儿子奥利弗·博思威克商定，以每栏报道15英镑的稿酬，给该报撰写苏丹战争的战地通讯。

丘吉尔加入第二十一轻骑兵团后，随部队向南推进，在沙漠里长途跋涉，一天得走30公里左右。许多士兵在酷暑中病倒。

丘吉尔身体状况较好，在艰苦条件下仍能挺住。甚至有一次因为追赶部队时天黑迷了路，他被困在茫茫的沙漠中，一天一夜未曾吃喝，也没有倒下。但他担心的是在战斗中受伤，在给母亲的信中，他请求道："一旦我负了重伤，您最好出面，设法把我弄回去。"

不久，恩特曼战役打响了，丘吉尔随部队挺进。9月2日清晨，丘吉尔在执行巡逻任务时，第一个发现大约有4万名托钵僧正准备向英军发起袭击。

经过激烈交战后，他所在的团队顺利撤离了战场。此后，第二十一轻骑兵团作为后备队，从侧翼迂回冲向敌人，陷入了苏丹军队设下的埋伏。第二十一轻骑兵团冲进溃败敌人的阵地，展开了短兵相接的肉搏战。队伍被冲散了，人员不见踪影。

丘吉尔后来写道："我策马跑了一程，与敌人遭遇时就用手枪瞄准面部射击，打倒了几个，其中有三个肯定是死了，有两个是否打死还无把握，有一个就更说不准了。"

1898年9月的决战，苏丹军队在恩特曼战役中被击溃，获胜的英军几次横扫战场，把托钵僧伤兵全部打死。

丘吉尔把这种惨状比作"十字军东征"时的大屠杀，他对英军的残忍和基奇拿的纵容极为气愤，在给母亲的信中写道："基奇拿可以作为一个将军，但他永远不是一位绅士。"

在这次战争中，丘吉尔给《晨邮报》写了不少稿件并陆续发表。战争结束后，他决定再次写书出版。

丘吉尔已经在这方面尝到了甜头，仅在一个月里从苏丹发给

《晨邮报》的稿件，就使他得到了300多英镑的稿酬，远远高于他的12.5英镑的中尉薪饷。而且钱还是次要的；新闻报道和出版著作已为他赢得了越来越响亮的名声，可以成为他在政治上进取的有力铺垫。

丘吉尔对政治的热望和他对军人生涯的厌倦使他产生了脱离军队的想法。他越来越清醒地认识到，他在军队里一直干下去，永远也不会达到自己的理想。

要取得指挥一支庞大军队的权力并在战场上赢得荣誉，必须经历多年刻板、艰苦的军人生活。况且丘吉尔在新闻报道、文章和专著中对军方高级将领们颇多批评，早已引起了他们的不满，将军们显然不会让这个自负高傲、乱发议论的年轻中尉得到迅速提升。

在结束军旅生活之前，丘吉尔又回到了他原来所属的第四骑兵团的驻地印度的班加罗尔，重温了过去的时光。他在运动和军务之余，仍然利用空闲时间进行写作。

1899年3月，在丘吉尔辞去军职，离开印度时，他已写完了《尼罗河上的战争》全书23章中的18章。

返回英国途中，丘吉尔还在开罗做了短暂停留，从总领事克莱默勋爵和一些英国以及埃及的官员那里，得到了大量他所需要的包括英国与苏丹早期关系方面的资料。回到英国后，他很快便完成了此书。

1899年10月，丘吉尔这部名为《尼罗河上的战争》的书分两卷出版了。由于丘吉尔不再是军人，因此他可以毫不留情地发泄他对基奇拿将军的不满。

丘吉尔在书中批评道："这位将军律己很严，对别人都漠不关心"；"在他所指挥的部队各单位里，有一个遭到极度忽视的机构，那就是治疗伤病员的医疗部门""他对部下的残暴行径采取放纵态度,而这种残暴行径往往未必是由于敌军同样的行为所引起"。

丘吉尔尤其对基奇拿侮辱马赫迪陵墓和遗骨的行为感到愤慨。他不仅把批评的矛头指向基奇拿将军个人,还在一定程度上表达了对苏丹起义者的同情。与此同时,他尖刻地揭露了英国殖民主义者的卑劣和伪善,从根本上批评了英国对苏丹的战争政策。

不用说,英国官方愤怒了。不久,丘吉尔自己也感到这些批评是有些过分,便对书中批评及类似的言论做了大量删减。

这部著作首版时未能引起国内读者的广泛注意,主要是因为南非战争的爆发转移了人们的注意力。但它在评论界却赢得了较高的评价。

总的说来,评论界公认《尼罗河上的战争》一书是年轻的丘吉尔取得的巨大成就。由于作者搜集资料丰富,构思精巧,叙述准确,鲜明生动,行文富有逻辑性,写出了一部引人入胜的英国征服埃及和苏丹的历史巨著。

在南非成功越狱

1899年秋，英国政府发动了布尔战争，又往南非派兵遣将。丘吉尔又想旧调重弹，仿照以前远征古巴、印度西北边境和苏丹的例子，再去南非冒一次险。

这次丘吉尔是以《晨邮报》记者的身份采访南非战事。该报前四个月付给他1000英镑，以后每月给他200英镑，作为他在南非的活动经费，并同意他对自己的文章保留版权。报社还允许他拥有选择采访地点和表达自己意见的充分自由。

丘吉尔抵达南非后急于奔赴前线，便赶到埃斯特考特同英军会合。他在那里遇见了一位在印度认识的霍尔丹上尉，上尉让他随同搭乘他们的一列装甲火车同行。

火车在途中碰撞到布尔士兵置放在铁轨上的一块石头，前面三节车厢出了轨，其中第三节车厢还有一半留在轨道上，把铁路堵住了。后面的机车以及另外两节车厢也都动弹不得，布尔人乘机开火。车厢里的英军士兵在霍尔丹上尉的指挥下同布尔人交战。丘吉尔自告奋勇去抢救机车，使之脱离险境。

作为战地记者的丘吉尔本来并没有这项任务，只是责任感告诉他应该把出轨的车厢推出铁轨之外，才能挽救机车，驶回埃斯特考特。

他指挥着受了伤的机车司机，经过一个小时的努力，终于使脱轨的车厢同机车分离。机车则可利用后面的两节车厢，把幸存者和伤员送回埃斯特考特。

当机车脱离危险后，丘吉尔只身沿着铁路线走回来时，发现霍尔丹等人已全部被俘。布尔人逼近了他，他也成了俘虏。为首俘获他的人是个布尔农民，也即后来任南非联邦第一任总理的路易·布塔。他们被解往比莱托尼亚，关在国立师范学校里，有40名警察看守。

一天晚上，丘吉尔居然躲过监视，爬过高墙，越狱逃跑了。

越狱也是富有戏剧性的。霍尔丹上尉等人早就策划过越狱，丘吉尔要求参加。霍尔丹担心他不一定能逃得掉。因为布尔当局知道他解救机车送走英军伤员等情况而将之视作要犯，一旦潜逃势必缉拿。何况当时丘吉尔的健康状况不佳，精力有所不济。

可是越狱时，只有丘吉尔一人首先趁哨兵不备，迅速爬过了围墙。他在墙外等了一会儿，不见其余人出来，只得独自上路。他身上只有75英镑现金和几块巧克力，既无地图又无指南针，只能盲目地瞎闯。

那时夜色正浓，他身着便服，头上耷拉着一顶便帽，一口气走了两小时，恰好经过一个火车站，便跳上一辆货车，随着它东行。天色发亮之前，他跳下货车，在附近的树林里躲了一整天，到傍晚又想改搭其他夜行列车，但是没有等到。不得已只得步行，碰巧见到一个村庄，便到一所房屋去冒险敲门。

开门的竟是个英国人,是这几十公里之内唯一的一个英国人,他在附近的煤矿上工作。于是他把丘吉尔隐藏了一个星期。

布尔当局发出通缉令,悬赏25英镑捉拿他,不论死活。让丘吉尔最感到不快的是他在布尔人眼中竟只值25英镑!

在那位英国人及另外几位英国人的帮助下,丘吉尔搭一辆东行货车到达罗仑索·玛魁思,即今莫桑比克首都,当时是葡萄牙的殖民地。接着,他找到英国领事馆,然后搭乘轮船南下。1899年12月23日,丘吉尔到达德班时,受到了异乎寻常的热烈欢迎。

抵达德班之前,丘吉尔越狱成功的消息已经传遍了全世界,因此他一到德班就受到了热烈的欢迎。《圣詹姆士报》于1899年12月29日对此做了这样的描绘:

> 丘吉尔先生被人们抬在肩膀上下了轮船,并由一群仰慕他的热心人士用人力车把他从码头拉到市区,车后跟随着一大群挥舞着英国国旗、高声欢呼的人。
>
> 他来到司令办公室时又激起了一阵爱国热情。大家都要求他发表演讲,丘吉尔先生欣然顺从了这一要求。

人们像欢迎打了胜仗凯旋的英雄一样欢迎丘吉尔。港口悬挂着许多旗帜,军乐队在码头上鼓号齐鸣,欢迎的人群簇拥着他,海军大将、陆军将领以及当地市长都向他伸出了热情的手。甚至一封封向他祝贺、表示慰问的电报从英国国内以及世界各地雪片般飞来。

出现这种盛况有着十分现实的原因。在他出逃的一周内,英国军队在南非又连续遭受失利,而且伤亡之惨重是克里米亚战争以来空前未有的。在英布战争史上,这一周被称为英国军队"黑暗的一周"。

只有丘吉尔历尽千难万险，在人们都已为他绝望时，竟奇迹般地安然逃回来，成为"黑暗的一周"中唯一的一线光明。

英国报刊因此都抓住丘吉尔的历险大做文章。后来丘吉尔自己也认为，一些新闻报道过分地夸大了他的冒险经历，有些绘声绘色的细节甚至是报道者杜撰的。

丘吉尔亲历英布战争，使他更加深刻接触事物本质的认识。他在到达德班的当天，便给《晨邮报》发回一篇文章，含蓄地批评了英军的战略战术，而给予布尔人以相应的肯定。他的尖锐批评，在英国引起纷纷议论，尤其引起了军方的不满。

但丘吉尔勇于坚持己见，而且事实证明他的论断是正确的。

当丘吉尔回到德班后，在布勒将军接见他时，他要求参加作战部队。布勒将军把丘吉尔编在"开普殖民地"招募而组建起来的南非轻骑兵团中担任助理副官，但是不领军饷，并可享有一定自由，仍然可以履行他作为《晨邮报》记者所承担的采访职责。

丘吉尔随这个团连续参加了几次战斗。有一次他跟随部队袭击了敌人阵地，乘敌不备猛扑过去，歼灭了大半敌兵，还俘虏了30人，创造了以少胜多的战例。

丘吉尔的战地记者生涯仍在继续着。1900年2月27日，英军在比莱托尼亚向敌人发起了全面攻击。经过激战，敌人开始败退，英军向北迅速推进。丘吉尔随同部队前进。

此时战事已毕，丘吉尔有了较为从容的时间，仍然像前两次一样，他以已经发表的战地通讯为基础，再充实一些新材料加以编撰，很快就写出了有关南非战争的两本专著。一本书名为《从伦敦到莱蒂史密斯》，另一本书名为《伊恩·汉密尔顿的进军》。

《从伦敦到莱蒂史密斯》一书主要描述了装甲列车遭受伏击以及丘吉尔被俘后越狱逃跑的经历，出版后受到新闻界的高度评价，四个月中就发售了1.5万本，几乎所有的报刊和杂志的评论都强调他作为一名新闻记者的出色才能。《圣詹姆斯杂志》则认为，丘吉尔在"活跃的战地记者中是无可匹敌的"。

从1900年11月起，丘吉尔开始在全国范围内巡回演讲亲历的见闻和感受，又获得了与上笔数目大致相当的报酬。并且他还到加拿大进行了演讲。

在丘吉尔回到伦敦之后，将所有的收入加在一起，他有了1万英镑的财产。这是一笔相当大额的财产，他已经算得上比较富裕了。他将这笔钱交给了欧内斯特·卡塞尔爵士代他投资。他至少在近几年中不愁衣食，可以集中全部精力投入到他向往已久、并力图有较大成就的政治舞台上去了。

为选保守党议员奔波

丘吉尔作为军校出身的下级军官和无师自通的战地记者，很多时候还是作为军官兼记者或记者兼军官，转战和采访了美亚非三洲四个国度。

他一手拿枪、一手执笔，传奇般冒险和脱险的丰富阅历，死里逃生的勇敢和智慧，大量生动、及时、精彩、引人关注和传诵的战地通讯，以及直言不讳、引起军政上层重视和争论的军事对策性政见，给他带来了巨大的政治资本，为他竞选获胜铺平了道路。

1900年，索尔兹珀尼首相解散了议会，宣布举行下院选举。由于丘吉尔成为南非战争中的传奇英雄，他在这次竞选中处于有利地位。此前当他刚刚逃离布尔人的牢笼时，甚至连奥德姆选区许多支持自由党的选民都曾写信向他表示祝贺，并表示在下次选举中"不管政局如何"都将投他的票。

保守党人则充分利用丘吉尔的历险大做文章。由于得到了各方面的有力支持，丘吉尔为保守党赢得了一个议席，当选为奥德姆选区的保守党议员。

丘吉尔自己后来说，在这段时间里，"除了星期日以外，我差不多每晚都要演说一个小时或更多的时间，有时一昼夜演说两场。我接连不断地奔波，很少在一张床上睡过两次"。"我绝不会忘记，一个又一个大厅挤满了情绪激昂的人群，我赶赴一个又一个会场，发表一次又一次演说。我赴会所乘马车的'嘎嘎'声和迎面袭来的冷空气，同热气腾腾、灯火通明、热情奔放的会场气氛，不时交替出现"。

丘吉尔这个 26 岁的新手，以他在南非获得的名望和娴熟的演说技巧，已比一般的议会老手具有更大的吸引力。《每日邮报》的老板哈姆思沃尔斯建议对丘吉尔深入了解一下，以后好好报道。

一个叫史蒂文斯的人对丘吉尔跟踪考察了一段时间后，在《每日邮报》上发表了一篇叫《欧洲最年轻的男子汉》的文章，对丘吉尔作了透辟的分析。

论年龄，甚至论气质，丘吉尔还是个孩子，但若论个人抱负、深思熟虑、运筹自如、有的放矢、手段高明等方面，他已经是一个成熟的男子汉了。

他是个有坚定抱负和敢于为之采取果断行动的男子汉。他对于所采取的手段能否使他有效地达到目的，能作出准确的、几乎是令人惊异的判断。

他具有老练的国务活动家那种灵活自如处理事务的本领。他也许具备当一个大将军的品质，不过这些品质从未在他身上表现出来，而另一些品质却在他身上表现得很充分。假如他愿意，这些品质能够使他成为一个伟大的人民领袖，成为一个卓越的新闻记者，或成为一个最大的广告商行的老板。

丘吉尔是个不谦虚的人。特别是在军队中,他自命不凡,经常碰钉子。然而他并不因此自暴自弃。他自命不凡的这个缺点是无法克服的,无论从年龄、从正常的理性或从事实本身来看,都没有为此提供条件。

丘吉尔是个沽名钓誉、处世谨慎的人。与其说他在盘算如何飞黄腾达,不如说他在深刻地进行自我省察,而这种省察的结果使他相信,他具备将来成为叱咤一时的人物的天赋个性。

与这篇文章的观察和判断相近,同保守党在政治舞台上激烈角逐的老冤家自由党,在丘吉尔当选为议员后,他们的喉舌《曼彻斯特卫报》也承认丘吉尔是"一位勇敢无畏、富有魅力、才华横溢的年轻人"。

丘吉尔不是一个思想家,他没有系统的世界观和可以比较严密地加以论证的社会科学各个领域的观点,甚至对英国人心目中具有神圣性的宗教信仰,他也看得很淡。

不过,受吉本和麦考莱史学著作影响,他终生抱着一个坚定不移的信念,即杰出人物和英雄创造历史。不论对这种观点如何评价,但这一信念却像火车头一样产生巨大的力量,牵引着丘吉尔前进。

至此,丘吉尔更加决心要当一流的杰出人物和英雄,他自信必定会成为一流的杰出人物和英雄。

他认为自己在20世纪之初就踏上了英国政坛,那么,创造20世纪的英国历史便是自己的天职。

成功发表亮相演说

1901年2月15日，英国新一届议会首次会议开幕。丘吉尔身穿黑色燕尾服，头戴高高的宽边平顶灰礼帽，拄着手杖，昂首阔步走进泰晤士河畔的议会大厦威斯米思特宫。

这座世界上最大的哥特式建筑物宏伟壮丽，每当议会开会时，白天在维多利亚塔上升起英国国旗，夜晚则用灯光照射大钟楼。议会大厦中圆形的中央大厅将上、下议院分开。

上议院又名为贵族院，由英国王室后裔、世袭贵族、终身贵族组成。玛尔巴洛公爵自然也是一名上议院议员。

这1100多名周身流着高贵的"蓝色血液"的英国贵族，只有司法权而无立法权，对于下议院通过的议案如不同意，只能拖延其生效的时间，而不能加以否决。

下议院是平民院，拥有立法权、对内阁的监督权和倒阁权。会议大厅的右边是执政党议员的座席，左边是各在野党议员的座席。执政党内阁成员和反对党"影子内阁"成员分别坐在两边的前排，称"前座议员"，其他议员坐在两边的后排，称"后座议员"，前排、后排中间有条过道作为分界线。大厅楼上为记者席和听众席，议会辩论公开进行。

在英国，影子内阁是个非常重要的政府机构，它是反对党配备的内阁班子，其成员在议会中分别瞄准现任内阁成员的施政举措，同他们唱对台戏；一旦反对党上台执政，影子内阁稍加调整，就成为正式的组阁名单。

丘吉尔走到保守党后座议席的第一排，在他父亲就任议员时坐过的一个座位上坐下，伸直的双腿搭在一起，大礼帽扣在前额上，双手插在口袋里，像一个年长的议员一样，懒洋洋地环视着四周。

丘吉尔是最年轻的议员，但是托家族和父母之福，他早已结识过一些议员和大臣，也曾跟着父亲来听过会，熟悉这里的一切议事规矩。他没有陌生感和新奇感，也就不会特别的兴奋。

当年丘吉尔走出校门时，他坦率地对一个朋友说过："我们都是些小昆虫，不过我确实认为我是一只萤火虫。"现在他的志向比当一只默默无声、发着冷光的小虫不知提升了多少倍。他在盘算着如何成为一条搅动政治风云的人中之龙。

新议员照例要发表在议会亮相的"处女演说"，就像戏剧学校毕业生的首次公演一样，对于在公众面前显示自己的形象十分重要。对于首次演说，他们都战战兢兢，小心翼翼，认真准备自不用说，还要把时间推迟到议会开幕的一个月之后，以便有更多的机会观摩老议员的熟练表演。

丘吉尔却急不可耐，第四天就发表了他在议会的首场演说。后来有人问他，为什么这么着急。他说他小时候体弱多病，不可能比他父亲活得更久，他也大概只能活45岁，但却要比他父亲取得更大的成就。事实上，他的寿命比他父亲整整长了一倍。

演说的题目选择得很恰当。这天的议会辩论议题是南非政策，对于丘吉尔来说，没有别的问题比这更熟悉了。只是演说的环境和条件却是全新的。

丘吉尔很健谈，在社交活动中他往往滔滔不绝说个没完，肆意垄断谈话的权利，把交谈变成独白。有时对那些只有一知半解甚至一窍不通的问题也高谈阔论，引起宾主一阵哄笑，他既不害羞，也不计较。而且近几个月来，在各种集会上发表演说，已经是他的家常便饭了，因此也就越来越驾轻就熟。

丘吉尔被安排在自由党37岁年轻议员劳合·乔治后面发表演说。他一边听劳合·乔治讲话，一边再次修改自己讲稿。

丘吉尔的亮相演说开始了。针对劳合·乔治指责保守党政府烧毁布尔人庄园的行为，他说：

尊敬的议员刚才的讲话未免不够公正。从某种程度上说，在战斗最激烈的时候出现这种情况在所难免，这已被近期内各国发生的战争实例所证实。

如果让我一个亲临战场的人加以评论，我可以断言，像英布战争这样以人道主义和宽容精神进行的战争是前所未有的。

保守党座席上爆发出热烈的掌声。丘吉尔接着推崇布尔人的英勇善战，主张让布尔人得到公正而光荣的和平。他说道：

政府应当明白，企图轻易地降伏布尔人，那只会增加痛苦和危险。可以考虑适当增加一些兵力以稳定当地的局势，然后给布尔人以公正的停战条件和自治的权利。

这回在自由党席位上爆发出热烈的掌声。

亮相演说相当成功。演说结束后，劳合·乔治前来相见，同他热烈握手。这个握手，从此开始了英国政界两名崛起的新手长期的友谊。

为了政见退出保守党

　　1903年5月15日，政坛老将内维尔·张伯伦在自己的选区伯明翰发表演说，提出仿照德国和美国的办法，实行贸易保护主义的关税壁垒政策，来保护国内市场和工业。

　　按照这项建议，在大英帝国本土和殖民地、自治领之间，进出口商品享有优惠税率，而对大英帝国范围以外的商品，则筑起关税壁垒，以减少和防止渗入。张伯伦断言，这一妙策，可使英国经济出现前所未有的新繁荣。

　　从长远看，张伯伦无疑是对的。但在当时的条件下，实施这一政策的时机还不成熟。因为实施特惠税率将会直接导致英国进口粮食的价格上扬，使普通劳动人民的生活水平明显下降。

　　同时，纺织行业和造船业从中将得不到任何实惠，只有与张伯伦有关联的重工业会从关税壁垒中明显受益。因此，张伯伦的主张甚至遭到了来自保守党内部的强烈反对，反倒使因英布战争产生分裂的自由党人重新团结了起来。

　　丘吉尔正确地估计了形势，认识到自由贸易能提高一般英国公民的生活水准，而这才是政府面临的主要课题，因此他公开地站在了反对张伯伦的一方。

为了使这一届政府能够改弦易辙，丘吉尔把关税问题与"民主保守派思想"联系起来，在议会内外展开了紧张频繁的活动，激烈地反对实行关税壁垒，顽强地维护自由贸易。

丘吉尔虽然没比自由党人讲出更多的或独特的理由，但他精力充沛，雄辩滔滔，就等于从内部向保守党投掷了一颗重磅炸弹，比别人更具有轰击力。在党内外夹攻中，1902年9月9日，张伯伦和主张自由贸易的大臣们全部辞职。

保守党的失利让丘吉尔很失望。丘吉尔没有耐性再等待下一轮机会，于是他小步快跑，在短短几个月内完成了对保守党的叛离：1903年12月，他在演讲中激烈抨击保守党的政策，甚至有意向自由党讨好。

丘吉尔在结束演讲时说："感谢上帝，我们还有个自由党！"1904年3月，他开始自称为"独立的保守党人"。同年12月，他写信支持在勒德洛进行补缺选举的自由党候选人。

1905年1月，丘吉尔被保守党组织秘书取消了保守党员资格。3月，当他对关税改革发表自己的看法时，一大帮支持政府的保守党议员在首相的亲自带领下退出了议会大厅。

这时，自由党议员们向丘吉尔表示了热情的欢迎和鼓励，自由党内著名的激进分子劳合·乔治对丘吉尔表示了更大的热情，两人自此后成为好友。

5月末，丘吉尔在下院的座位从保守党人一边转到了反对党一边，他再次选择了他父亲生前坐过的那个位子。

在英国的政治生活中，从一个党跳到另一个党的现象是司空见惯的。事实上，丘吉尔从进入议会的最初几天起就反映出转党是不可避免的。因为当时保守党领导层中的形势是明摆着的，他要留在保守党内，显然不能青云直上。

然而，丘吉尔没有耐性等待，他要权，而保守党内其他青年政治活动家们堵塞了他在这个党内取得权力的道路。与此同时，自由党内的道路却是畅通的，为了远大前程，丘吉尔转党便是理所当然的事情了。

丘吉尔改变党属关系所造成的冲击波是巨大的。他的许多朋友公开指责他是个忘恩负义的机会主义者，说他利用别人往上爬，尔后又反戈一击，加入了另一个党。

丘吉尔所受到的排斥要是落到其他政治家身上，必定早就被压垮了。但丘吉尔并不在意。他与劳合·乔治斗志昂扬地向保守党政府发动攻击，他们为获得大臣的职位而处处表现自己。

丘吉尔在许多方面与自由党人的政策保持了一致。除了反对扩大军队、反对关税壁垒、主张自由贸易而外，在反对不人道地对待南非矿区的中国劳工，反对在对外事务和帝国事务上花费太多，主张立法保障工会权益以及反对禁止进一步移民等问题上，都与自由党人站在了同一立场上。

保守党政府由于在外贸问题上的斗争而瘫痪了，首相辞职。自由党领袖坎布尔·班拿曼于1905年组织政府，并确定1906年1月举行下届议会选举。

保守党首相辞职，结束了他们的十多年执政，开始了自由党统治英国的时期，可见丘吉尔投奔自由党并未失算。劳合·乔治当上了贸易大臣，丘吉尔担任殖民地事务部次官的职务。

在从事政治活动的同时，丘吉尔花费了许多时间和精力收集资料，进行整理，在大量素材的基础上，撰写出父亲伦道夫·丘吉尔的传记。

在撰写过程中，他得到了父亲的老朋友和老同事的慷慨帮助。张伯伦、罗斯伯里这些政坛老将为他提供了许多与伦道夫勋爵来往书信的原件。

丘吉尔两卷本的《伦道夫·丘吉尔勋爵传》由麦克米伦出版公司出版，于1906年1月2日公开发行。

评论界的一致好评，再一次极大地提高了广大读者对丘吉尔的尊敬之情。有评论认为，这本书的风格与基调完全超出了适应市场需要的范围，仿佛年轻的丘吉尔是为了后代人而不是为当代人写的。

任殖民地事务部次官

1905年12月5日,自由党领袖坎布尔·班拿曼组成新政府并立即解散议会,确定于1906年1月进行大选。坎布尔·班拿曼在组织内阁时,请丘吉尔出任财政部次官。这对一位年轻大臣来说,是一个显要的职位,年薪高达5000英镑,比其他部的次官要高得多,而且可以为今后的升迁奠定良好的基础。

但丘吉尔谢绝了这一任命,他要求改任殖民地事务部次官这一地位较低的职务。这是一个出人意料、然而是扬长避短的明智选择。

丘吉尔不熟悉财政事务,对殖民地的情况则知之甚详。他可以全权代表殖民地事务部在下院发言,为他充分发挥积极性主动性,发表独立见解,施展自己的才干提供较广阔的舞台。

丘吉尔如愿以偿,当上殖民副大臣后,从文官中挑选了一个与他同年的埃迪·马什当自己的私人秘书。此人瘦高个儿,嗓音尖细,博学多才,既能为性急的丘吉尔很快地找到和准备好他所需的大批各种资料,又能以其稳健的个性在丘吉尔焦躁和发脾气时很有策略地劝他克制,充当他的缓冲器。

丘吉尔十分器重这位助手,让他跟着自己从一个部调到另一个部。他为丘吉尔忠诚地效劳。

有人对丘吉尔担任那么繁忙的国务工作,竟能在知识结构不大完善和文化素养不够精深的条件下,写出那么多很有影响的著作和文稿感到大惑不解。

丘吉尔有一次对一位研究人员透露了其中的一个奥秘:"其他人能够替我做的脑力工作,我自己从来不去做。"丘吉尔一生将大量的专家、学者和其他出色人才网罗在自己周围,充分发挥他们的作用,以致很多研究人员认为,丘吉尔的组织能力比思维能力更强。

面对即将到来的1906年1月的全国大选,丘吉尔以挑战的姿态,选择了一直是保守党据点的曼彻斯特西北选区参加竞选。

1905年末,丘吉尔就带着马什住进了威斯米思特附近的米德兰特旅馆,在一连串的政治集会上发表了极受听众欢迎的演说,场面热闹,盛况空前。

在演讲中,丘吉尔充分运用了自己这些年来积累起来的知识和演说技巧,在与政治对手的辩驳中善于化不利因素为有利因素,取得了很大成功。

他的竞选对手威廉·乔茵生·希克思是一位强有力的宗教界人士,在关税改革问题上是个稳健派。他抓住丘吉尔由保守党人反叛为自由党人这一事实,指责丘吉尔的政治态度前后矛盾。

丘吉尔简单而又巧妙地回答了他的诘难。丘吉尔说:"我在为保守党工作的时候,我说过许多蠢话,正是因为我不想再继续说这些蠢话,我才离开了它。"这个回答引起了听众的一片欢呼声和笑声。

丘吉尔还很注意争取保守党人的支持,因此他把自由贸易问题作为自己演说的经常性主题,强调这一问题是选举的关键问题。

1906年的选举使工党初战告捷,这标志着英国社会主义运动的发展和英国工人阶级作为一支独立的力量登上了政治舞台。丘吉尔敏感地注意到了这一新动向。

1906年10月，丘吉尔在哥拉思格发表了一篇关于工人代表参政以及对于社会主义的看法。他赞成工人代表参加下院，但他又尽力试图将工人代表参政的组织形式纳入自由党的轨道。

大选结束后，丘吉尔要完成的一项主要工作，就是按照自由党内阁的旨意，解决南非的前途问题。他负责草拟一项议案，将英布战争结束后被并入英殖民帝国版图的德兰士瓦和奥伦治，同英国移民较多的开普敦、纳塔尔合并，组成南非联邦，作为英国的自治领土，像加拿大、澳大利亚、新西兰那样。这在一定程度上缓解了英国和荷兰移民后裔布尔人之间的矛盾。

1907年下半年，丘吉尔赴英国各东非殖民地做了一次为期三个月的半视察半休假的自费旅行。丘吉尔同《滨海杂志》谈妥，为其撰写系列文章，每篇150英镑，以稿费来支付旅费。

丘吉尔原拟花更多的时间观光和狩猎，但一到非洲就陷入繁忙的公务之中。英国派驻当地的总督为他设宴接风洗尘，向他报告工作，当地王公贵族、部落酋长频频前来参拜，弄得丘吉尔想回避也回避不了，有时只好晚上一边洗澡一边向马什口述为《滨海杂志》撰稿的素材。

艰辛的旅途丝毫没有令丘吉尔扫兴，丰富的自然资源还使他游兴倍增，一个雄心勃勃的计划在他心中萌发：如果在这里大修铁路、大建电站、大盖工厂，东非沉睡的丛林，白白冲泻的瀑布，就将从无穷的潜力变成大英帝国滚滚而来的财富。于是一边旅行，一边把即兴而来的设想倾注笔端。

1908年，丘吉尔出版了《我的非洲之行》。

担任商务大臣

1908年2月12日，坎布尔·班拿曼首相突然中风，而且复原无望了。他的继承人阿斯奎斯开始筹划组建新内阁。

阿斯奎斯拟请丘吉尔在海军大臣或地方政府事务大臣两个位置中选择一个。丘吉尔不好去取代他姑父、现任海军大臣特威德蒙斯勋爵的职务，因而选择了地方政府事务大臣一职。

但担任该职的是内阁中唯一的工联主义者约翰·伯恩斯，他不愿意离开这一职位。最后，阿斯奎斯安排丘吉尔接替劳合·乔治担任商务大臣；而劳合·乔治接任阿斯奎斯本人的财政大臣之职。而且阿斯奎斯答应将商务大臣地位提高到内阁大臣这个等级。

这样，1908年4月，时年33岁的商务大臣丘吉尔走进办公室，成为英国政府近五十年来最年轻的内阁大臣了。

从主政的第一天起，丘吉尔就将拿破仑的一尊小铜像放在自己办公室的写字台上，以后这尊铜像就伴随主人从一个部转到另一个部。这一引人注目的新摆设，可以说明丘吉尔对拿破仑佩服得五体投地。

此外还隐约地透露了丘吉尔一个隐秘的愿望：从当上内阁大臣

起，他就把下一个目标瞄准了首相。

当时，英国的商务部管辖范围是比较宽泛的，劳工部尚未从中分离出来，后来的劳工部的大部职能此时均归商务部行使。贸易问题、运输问题、工业问题、劳工问题，甚至专利和版权问题，都由商务部进行处理。

还有许多与之相关的社会问题，也与商务部的工作有着极其紧密的联系。这就为热心社会改革，渴望建立政治业绩的丘吉尔提供了极好的施展抱负的舞台。

丘吉尔上任之初，英国即开始呈现出周期性经济萧条的明显兆头：失业人数逐渐上升；许多行业的业主都试图削减工人或雇员的工资，由此而导致了一系列的怠工甚至罢工事件。

丘吉尔在商务部负责制定的第一项重要立法，就是有关"血汗劳工"的法案。当时，社会上有一部分劳工，在极为不利的条件和低微工资的情况下，被某些工业或商业部门雇佣。这些"血汗劳工"没有自己的工会组织，因而自身权益得不到保障。

1909年3月，丘吉尔在掌握了大量各行业自行制订的有关工作时间与工资报酬的统计数字的基础上，向下院提出了在几个适当的行业建立工资协商组织的提案，未遭任何反对就获得通过了。

与此同时，丘吉尔还着手对劳工职业介绍所问题进行处理。他担任商务大臣后的第一个指令，就是要商务部劳工统计局提供有关劳工职业介绍的资料。

丘吉尔接受了部里专家倍弗尼奇的看法，认为成立劳工职业介绍所是进一步处理失业问题的根本性准备。在此基础上，就可以建立并实施一套强制性失业保险体制。

丘吉尔建议将商务大臣的年薪从2500英镑增加到一等大臣的5000英镑，并且从别人取代他以后再生效。阿斯奎斯答应了他这一请求，他这一姿态更博得了人们的好感。

在1909年间，政治生活中最引人注目的两件事，一是政府内部关于海军建设计划的政策分歧；一是劳合·乔治编制的财政预算以及对新税法的争议，而这两件事情则又是相互关联着的。

丘吉尔对国家防务开支问题极为关注。他认为陆军不应考虑在欧洲大陆进行战争，不能以此为目标进行备战；若单纯考虑殖民地事务的军事需要，则陆军的力量已有富余。

因此，一年节约100万英镑以上的军费开支是完全可能的。为此，他为陆军部制订了一个详细的改革计划并力图说服内阁予以接受。由于遭到陆军大臣霍尔丹的抵制，丘吉尔未达到目的。

在海军的财政预算问题上，丘吉尔与劳合·乔治看法相同。当时他们都对英国将与德国开战的忧虑持怀疑甚至嘲笑态度，因而坚决反对海军大臣雷金纳德·麦克纳向内阁提出的建造六艘"无畏号"型战列舰的海军预算方案。

丘吉尔自始至终与劳合·乔治站在一起。劳合·乔治的计划中的有些内容，比如建立发展基金，用于诸如植树造林或修建道路等财政项目，以便为周期性经济萧条时期提供额外的就业机会，就与丘吉尔1908年3月向阿斯奎斯提出的计划完全一致。显然他们曾就此交换过意见。

10月，丘吉尔在登迪市发表演说，提出设立"平衡机构"来调节劳动力市场，这就将劳合·乔治的计划阐述得更为具体清楚了。

1909年，政府解散了下院，定于1910年1月举行大选。

在竞选期间，丘吉尔发表的大量演说被汇集起来，编辑成书，很快付印，赶在1910年1月竞选结束前出版，书名为《人民的权利》。这本书实际上成了自由党人的竞选手册。

最后，丘吉尔以10747票当选。落选的两名保守党人以及禁酒主义者斯克林杰等三位候选人的得票总数还不如丘吉尔一个人的得票多。

迟到的美满姻缘

1908年，丘吉尔年纪轻轻就当上内阁大臣，是他疾步快跑的成果。30多岁才燕尔新婚，对于贵族子弟来说未免姗姗来迟。

丘吉尔上学时都不是男女同校，后来当军官，部队中几乎是清一色的男性，他很少有与异性青年接触的机会。踏上政坛后，在紧张匆忙中度过，耳濡目染的风流韵事也给他以教训和警戒：恋爱的不慎可能彻底葬送自己的政治前途，他可不去冒这样的风险。当上大臣以后，有人上门来提亲，他也并不热心。

熟悉他的艾德金斯证实：他整个身心投入了工作。在没有政治活动时，就读书和写作。他不像伦敦其他青年人那样生活。他去的是政治俱乐部，其他人从未在普通俱乐部里见过他。他不论到谁家去度周末，总是带着一个装满书本与各种笔记的金属小箱子。他把很多空闲时间都用来读书。他周围的人议论着，丘吉尔要打一辈子光棍了。

丘吉尔过的是他的小说《萨夫洛拉》中主人公的生活，他参加上流社会的娱乐和社交活动，也主要是把这当作结识朋友、了解动态和交流政见的机会,极少与姑娘们跳舞。

然而,世事难料。那年夏天一个深夜,丘吉尔与堂兄在拉特兰小镇休息,住的这栋公寓突然燃起熊熊烈火。消防队没有及时赶来,房子已无法挽救。

丘吉尔戴上消防帽盔,奋勇跳进火中,指挥抢救物资的工作,冒着生命危险从喷着火舌红焰和呛人黑烟的房屋里往外搬东西。当他又一次从里面跑出来时,屋顶突然在他的背后倒塌下来。

报纸在报道这次火灾时写道:"如果丘吉尔晚跑出来一秒钟,他就将葬身于残垣断壁之中。"

这条大臣英勇救火奋不顾身的新闻竟成了月下老人,打动了登迪市23岁少女克洛门第娜·霍齐尔的芳心。她在当年丘吉尔来这里竞选时见过他一面。他那英姿勃发和口若悬河的形象,早已深深地刻印在她心中,如今她又为他惊人的勇敢精神所感动,便给丘吉尔发了一封表示敬仰和爱慕的电报。丘吉尔回电说:"火灾是一种顶好的娱乐,我们痛痛快快地享受了它的乐趣。"

他们在布莱尼姆宫相见了。丘吉尔见她有着漂亮的眼睛,可爱的肤色和浓密柔软的乌发,能说一口流利的法语,又对政治很感兴趣,便向她求婚,克洛门第娜当即答应。

她寡居的母亲也满意,说丘吉尔和他妈妈相互尊重,"我认为一个好儿子一定会是个好丈夫"。

1908年9月12日,隆重的婚礼在圣玛格丽特教堂举行。丘吉尔头戴高礼帽,身穿大礼服,克洛门第娜修长而苗条的身躯披上镶有威尼斯花边的柔软的白色锦缎婚纱,双双走进教堂。

1400多人前来为他们祝福,教堂四周街道上还挤满了大批围观者。两位主教,其中一位是原哈罗中学校长威尔登主持婚礼,另一位劳合·乔治当证婚人。国王爱德华七世送来一根嵌有玛尔巴洛家族徽饰的镶金马六甲手杖,大银行家卡塞尔赠给年轻夫妇500英镑礼金。

隆重的婚礼结束后,他们开始了蜜月的旅行。他们先到布莱尼姆宫拜访玛尔巴洛公爵,凭吊伦道夫在家乡附近的坟墓,接着游览马里列湖畔休养胜地博文诺,随后去瑞士和意大利。

聪明伶俐的克洛门第娜从他们共同生活开始时起,就发现命运派给她的角色是不容易扮演的。

婚礼仪式刚刚结束,还没从教堂走出来,丈夫就津津有味地同劳合·乔治谈论政治问题;在布莱尼姆期间,新郎也没能放下书稿,天天坚持写作《我的非洲之行》的最后章节;他从博文诺给同事写了几封长信,讨论当前需要处理的公务要事;而在风光旖旎的威尼斯运河上,丘吉尔坚持要乘摩托艇,为的是要过风驰电掣之瘾,尽管妻子希望坐那种富于浪漫色彩的带舱平底船。

在两人共同生活的56年中,克洛门第娜成功地扮演了自己的角色。丘吉尔从未对选择配偶产生过后悔。他历来重视金钱作用,却以出身并非富裕家庭的克洛门第娜为终身伴侣,就是看中了她贤惠的人品,丰富的学识,以及与自己不同但正好可以互补的个性。

他们的爱情都是一生只有一次,他们的婚姻堪称白头偕老的美满姻缘,这在资产阶级政治家当中是不多见的。克洛门第娜为丘吉尔在宦海浮沉、风云变幻的生涯中,创造了一个稳定和安谧的家庭环境,并把他在单身汉时养成的粗暴习气改造得较为温和起来。

曾任丘吉尔私人秘书多年的约翰·科尔维尔,在《丘吉尔及其密友》一书中写道:

尽管丘吉尔忠实、亲切，但嫁给他的女人不会感到生活是很轻松的。他所选择的那个女人不仅有花容月貌，年纪大了仍是风韵犹存，受过良好的教育，娴雅温存；而且她还十分自信，能够对付他的要求和癖性。

她通常满足了他经常是过分的要求，有时是异想天开的怪念头，同时她也能使他冷静下来采取现实的和理智的态度，从而使家庭井然有序。

丘吉尔爱把劳合·乔治等人带来家里举行夜宴，畅饮白兰地，吵吵嚷嚷地谈论和争辩时事政治问题，常常闹到深更半夜。克洛门第娜对此有所不满，但她既不愿危害丈夫的政治生涯，也不愿怠慢他的朋友，总是尽力而为，操劳筹办，紧缩家庭预算。

除去一个幼年夭折的女儿外，他们有三女一子。

出任内政大臣

1910年初的选举结束之后,阿斯奎斯对内阁成员作了某些调整。由于丘吉尔在政治斗争和竞选运动中的出色表现,他在自由党内以及政府中的分量更重了。首相希望他在日显其重要的爱尔兰问题或者内政问题上发挥才干。

经过考虑,丘吉尔放弃了爱尔兰事务大臣职位,选择了内政大臣要职。35岁的丘吉尔登上内政大臣的宝座,在他的政治生涯中应是一件很大的成就。

内政部负责管理全国的监狱、少年罪犯营、消防队和伦敦警察局。它可以建议国王赦免罪犯,对组织议会选举有一定权力。此外,道路、桥梁、运河、矿山、农业、渔业、社会治安、监督外侨、社会公德等,在一定程度上也属于它的管辖范围。

按照丘吉尔的前任赫伯特·格拉斯顿的说法,内政大臣的主要职责是对700万工厂劳工和100万矿工的劳动条件、健康条件和安全负责,对所有人在警察管辖下拥有的个人权利负责,对维护公共秩序负责,并对警方的拘留所和监狱中的阴暗角落负责。

总之，在所有的行政官员中，内政大臣与人民大众的生活息息相关。

作为一名立志社会改革的政治家，丘吉尔一上任，便立刻着手进行了监狱改革。

丘吉尔在1910年3月，即他上任尚不满一个月的时候，就向下院提出了一项对"被捕前行为端正，未曾犯有'欺诈、残暴、猥亵或严重暴力'罪行的犯人"实行较好待遇的法案。

在其后的几个月中，他对实行强制性单独监禁作出了严格规定，并在条文公布前，将写作了流行剧《公正》以揭露单独监禁对犯人的摧残的英国著名作家高尔斯华绥请到内政部，亲自念规定给作家听以征询他的意见。但由于政务繁忙，这些富有远见的创议在丘吉尔任内并未能够完全通过立法程序而得到实施。

为了加强对矿山安全生产的管理，1910年丘吉尔主持制定了《矿山法》。这一法案对矿井的经理、工头和检查人员的培训和任用均作了详细规定。对矿井的通风、电气与炸药的使用、拖运及其机械系统均加以规范，并强行规定必须建立救护和抢救设施。

工党领袖拉姆齐·麦克唐纳对此给予极高评价，称《矿山法》为"我们采矿界的福音"。矿工出身的老资格下院议员查尔斯·劳维克则说："全国上下以极满意的心情为之欢呼。"

为限定商店营业员的工作时间，丘吉尔提出了一项商店法案。他为此花费了大量时间。但由于店主们和某些特殊利益集团的坚决反对，在法案通过时，原制定者的意图，反映得很少。尽管如此，这项法案仍具有重要的意义，它至少为店员们争取到了每周半天的固定工休。他甚至为已不再属于他的职责范围之内的国民保险法得以在下院获得通过做了巨大努力。

担任海军大臣

19世纪后期至20世纪初期，英德之间的矛盾日益尖锐化。1911年7月的一天，德国皇帝威廉二世乘坐"豹子号"炮艇来到摩洛哥渔港阿加迪尔，派了一些人登陆视察，接着又悄然离去。此举不仅是警告法国在非洲的扩张，而且是表明德国觊觎非洲的强烈意向。

此时，伦敦正沉浸在一片欢乐饮宴、歌舞升平之中。一向爱管闲事的丘吉尔，惯于对本部职权以外重大问题发议论，提建议。于是，他给内阁成员送去了厚厚的一摞备忘录。

丘吉尔认为英国海军盖世无双，不把后起的德国海军放在眼里。两年前在议会中他曾把海军大臣提出要造六艘装备13.5英寸口径大炮的主力舰计划视为惊慌失措，并且因担心实行社会改革计划缺钱而激烈地反对增加海军预算拨款。

现在，丘吉尔猛转180度，得出英德战争不可避免的结论，成为未雨绸缪的积极备战派。

1911年8月23日，帝国防务委员会举行会议，听取陆军部和海军部关于战略计划的报告。会议同意了丘吉尔备忘录中关于战争主要将在法德两国陆军之间进行，战争一爆发，英国即向法国派遣远征军的意见。

帝国防务委员会议还证实，海军在保证英国远征军安全渡过英吉利海峡赴欧洲大陆与法国并肩作战这一问题上，没有作任何计划。为此，首相阿斯奎斯决心更换海军大臣麦克纳。

阿斯奎斯决定加强海军部，拟调丘吉尔去接替海军大臣麦克纳。尽管丘吉尔行为有些古怪，过分热心地对别人主管的工作评头品足，引起比他年长得多的内阁成员的反感，但他在贸易和内政大臣岗位采取的积极行动，显示出他是个富有坚强毅力、决心和组织能力的治国人才。

1911年9月下旬，阿斯奎斯征求丘吉尔对改任新职的意见。

丘吉尔觉得大战将临，海军部的工作大有用武之地，加之舆论对他镇压劳工运动大加挞伐，自己名声已臭，不想在内政部再待下去，宁肯改任官阶较低的海军大臣，便满口答应了首相。

1911年10月25日，丘吉尔以一个工作狂的面目出现在海军部。他一上任，立即在海军部建立了参谋人员值班制度，规定值班人员在必要情况下应发紧急警报。他极力造成一种临战气氛，促使部内各级人员相信来自德国的进攻已迫在眉睫。

丘吉尔在办公室的墙上挂了一幅北海大地图，他让参谋人员用小纸旗在图上标出德国海军兵力部署的变动情况。他认为这不仅可以使自己一上班就能详细了解敌方舰队的活动情况，还可以使自己和海军部的同事"经常保持敌情观念"。

丘吉尔把家搬进了海军部大楼。他经常乘坐皇家海军的"魔女号"快艇外出视察海军部队，几乎走遍了所有最主要的海军基地，视察了所有的大型军舰，详尽地掌握了海军各方面的第一手资料。

丘吉尔仿效陆军，在海军创设作战参谋部，把指挥权集中到自己的手中。他接连更换了年老资深但观念陈旧的第一、第二部务委员。他在朴次茅斯开办海军作战学院培训参谋人员。

丘吉尔将大臣同几位部务委员集体决策的传统工作方式，改变为向部务委员发号施令，引起一些将领的不满。但是他的改革却在下级军官和水兵中大得人心：提高了下级军官的待遇，取消了对犯轻微过失者的体罚，提高了士兵的薪饷，让优秀士兵有机会升任军官。

海军《舰队》月刊主编说，英国"海军历史上没有一位大臣比丘吉尔更确实地对海军士兵的处境表示过同情"。

丘吉尔决定改用昂贵的石油替代煤炭作为军舰燃料，从而大大提高了航速。英国当时不产石油，丘吉尔说服政府，以 200 万英镑之巨资成立英国—伊朗石油公司并购得其控制权。

丘吉尔还决定改进舰艇装备，包括将主力舰上 13.5 英寸口径炮换成 15 英寸的。后来实践也证明了他的决定的正确性。

丘吉尔本来不懂海军，但他"在养兔场内到处打洞"的一系列举措却搞得有声有色，短期内就大大提高了英国海军战斗力。他成功的秘诀是请学识渊博的海军上将约翰·费希尔当顾问，虚心请教，在实践中学习，迅速地使自己从外行变成了内行。

后来，当丘吉尔离开海军部时，原陆军大臣基奇拿对他说："您永远可以引以自豪的是，您已使英国舰队做好了充分的战争准备。"

1914 年 7 月 28 日，第一次世界大战爆发。在大战爆发前，丘吉尔就在 7 月中旬把一年一度的例行军事演习改为战争动员训练，通过动员训练，舰只和全体海员都做好了打仗准备。

亲自率部上前线

1914年6月28日，奥匈帝国的皇位继承人斐迪南大公在访问塞尔维亚时被刺客枪杀。以此为借口，奥匈帝国宣布向塞尔维亚开战。

塞尔维亚地处欧洲的巴尔干半岛。巴尔干半岛因为容易引发战争，一向被称为"欧洲的火药桶"。巴尔干这个火药桶一旦点燃，整个欧洲的战争机器都将急速地运转起来。

局势一下子紧张起来，空气中似乎都充满了火药味。每个人都对即将到来的战争忧心忡忡。丘吉尔却是兴高采烈。

好斗的丘吉尔爱好冒险的劲头又提了起来，迫切希望显示一下自己的军事统率才能。他在写给妻子克洛门第娜的信中说：

万事有艰险，万物皆毁灭。我感到有趣、快乐和幸福。这不可怕吗？对于我来说，参战完全是引人入胜的事。

让上帝原谅我这些丑恶而轻率的情绪吧！

在内阁会议上，丘吉尔竭力主张英国尽快参战，然而内阁没有同意。会议结束后，大家都疲惫不堪，只有丘吉尔还是那么精力充沛的样子。

"嗨！史密斯、艾特肯，你们别这么无精打采的，一起去吃饭怎么样？我请客。"丘吉尔热情地邀请道。

史密斯和艾特肯看着兴致勃勃的丘吉尔，不禁相对苦笑了一下："温斯顿，真搞不懂，你怎么好像工作越多，反倒越有精神呢？"

丘吉尔放声大笑，带着他们来到海军部吃饭。饭后，又邀请大家打桥牌。

"我认为，宣战是迟早的事。何不早些参战，速战速决呢？"丘吉尔一边出牌，一边继续说服史密斯和艾特肯。

史密斯早就不想谈这个问题了，他只想好好玩一会儿，休息休息，就赶紧打断了丘吉尔："好啦！亲爱的温斯顿，这个问题今天已经谈得够多的了。先让我在牌桌上向你宣战吧！"

丘吉尔做了个鬼脸，继续出牌。

这时，信差送来一个紧急公文箱，上面标着：温斯顿·丘吉尔大臣亲启。大家都已经习惯了丘吉尔的公务繁忙的节奏，就停止打牌，等着丘吉尔处理公务。

丘吉尔随手打开公文箱，看到里面是一封电报：德国已对俄国宣战。这意味着欧洲大战已经爆发，英国将不得不卷入战争。他既没有因为大战将至而神情沮丧，也没有因为心愿达到而得意扬扬，甚至对战争的爆发也毫不惊诧。

丘吉尔不动声色，脸上甚至还带着玩牌时的笑容，随手把牌递给旁边的人，让他替自己接着玩，然后径自走了，好像要去从事一件极其习惯的工作似的。

留下的人继续着牌局,丝毫没有意识到,丘吉尔刚刚带走了多么令人震惊的消息。

丘吉尔径直找到首相,要求先下达海军总动员令,然后再请内阁追认。首相同意了。

战争开始了!

由于丘吉尔三年多来的努力,英国海军的实力相当强大。在同德军的海战中,英军连续取得几次胜利,占据了优势。

连续的胜利给丘吉尔带来了极高的声望。在一片赞扬声中,丘吉尔不禁有些飘飘然。他鲁莽冲动的老毛病又犯了。

法国人得到情报说,德国将要进攻法国重要的港口城市敦刻尔克。法国人这下可着了急,赶紧向英国求援。丘吉尔爽快地派去一批海军陆战队的精锐部队。

为了让部队调动迅速,丘吉尔又征用了50辆伦敦街头的公共汽车,作为这支部队的交通工具。

早就在办公室里待得手痒的丘吉尔,这次好不容易有了上前线的机会,岂能轻易放过?他亲自上阵,率领部下,跨过英吉利海峡,赶赴敦刻尔克。

不妙的是,法国人情报有误,德军根本就没有来。失望的丘吉尔只好在前线跑来跑去,四处视察海军基地。

丘吉尔走到哪儿,这50辆公共汽车就一路老响着铃,载着陆战队员跟到哪儿。陆战队员们东看看西望望,嘻嘻哈哈,打打闹闹,快活得像度假。当地的法国兵更是活泼爱玩,跟英国陆战队员闹成一片。

在战事紧张的前线,居然出现这种情况,不是太滑稽了吗?新闻界讥讽地称这支陆战队为"敦刻尔克马戏团",有的甚至说是"丘吉尔马戏团"。

因为丘吉尔长期待在法国,很多会议都没有参加,同事们开始议论起来。政敌也抓住机会,攻击和诽谤丘吉尔。

丘吉尔对这些都不放在心上,依然我行我素。

不久,为了援助俄军,丘吉尔提出,攻占战略重地土耳其的达达尼尔海峡。

这是一项十分冒险的计划,失败和成功的可能性几乎一样大。但是如果成功的话,英军就能在战争中获取主动。

为了决定是否攻打达达尼尔海峡,大臣们开了一整天的会。在会上,大家因为紧张而不停地吸烟,雪茄的烟雾这么浓,以至于办公室像是着了火。

大臣们不停地大声争论,都想让别人承认自己的主意最正确。争论到后来,都已经没有了辩论的力气。最后,还是首相阿斯奎斯一锤定音,作出了决定:将进攻达达尼尔海峡的计划进行到底。

随后,陆军大臣基奇拿同意派出陆军部队,支援海军攻打达达尼尔海峡。

万事俱备,踌躇满志的丘吉尔开始了他的大型军事行动。

先是持续一个月的炮击。丘吉尔命令舰队,利用新装备的大口径火炮,攻击海岸上敌军的炮台。

这下子,海面上数十艘军舰长蛇般排开,对着岸上的炮台,万炮齐发。灼热的炮弹像冰雹一样倾泻在敌军阵地上,隆隆的爆炸声,伴着冲天的火光不断响起。虽然风一直很大,但是由于爆炸太频繁,滚滚硝烟久久不散。

就这样,海峡入口处的炮台都被摧毁了。敌人已经无力还击,丘吉尔下令：继续向前推进。几十艘军舰宛若钢铁巨人，黑压压地沿着狭长的海峡口缓缓向前推进。

"轰隆！""轰隆！"一连串巨大的爆炸声，使得各军舰的指挥官都吃了一惊。"不好，有水雷！"站在甲板上的士兵远远地能看到，原来走在最前面的主力舰，现在已经有一半没在水中，而且还在不停地迅速下沉。

消息很快报告给丘吉尔：有三艘主力舰被水雷炸沉了，还有四艘主力舰因为遭到严重破坏，已经失去战斗力。

"扫雷部队呢？他们究竟跑到哪儿去了？"丘吉尔十分愤怒，可是也无可奈何，因为扫雷部队不归他管。

由于海军实力受到很大削弱，进攻不得不暂停，以等待陆军援兵的到来。糟糕的是，等了整整两个月，陆军的援军也没来。敌人反倒趁机重新布置了防守力量。

达达尼尔海峡本来就易守难攻，失去了一次宝贵的战机后，再想攻打海峡，难比登天了。

损失了那么多军舰，计划还是没有成功。这样一来，丘吉尔的处境不妙了。一时间，社会舆论纷纷把过错推在丘吉尔身上，对他展开了猛烈的批评和攻击。

在强大的舆论压力下，首相宣布：免去丘吉尔的海军大臣职务，改任不管部大臣。

几个月之后，丘吉尔毅然作出了举世震惊的决定：辞去不管部大臣职务，去法国参加作战部队。

驾驶飞机和发明坦克

丘吉尔在海军大臣任期内,曾经干成了两件了不得的奇事。一件绝顶勇敢,一件非凡聪明,都是业余捎带搞的副业。

作为一个政治活动家,这两件事在他的一生事迹中很容易而且事实上常常被忽略不提,但是从人才学和科技史的视角来看,却十分难能可贵和富于启示作用。这两件事就是:

一个世界大国的重要部长级人物,在对工作和生活都无直接必要的情况下,居然甘愿冒着生命危险学习驾驶飞机,成为人类历史上为数很少的早期熟练飞行员之一;

一个根本没有系统地学过自然科学技术,又没干过专业技术工作的人,居然凭着他那爱幻想、爱创造的思维发动机和崇尚实干的决心与行动,把发明坦克的杰出构想变为了现实!

1912年,英国只有六架结构很简单的飞机,驾驶员也很少。

但是飞行的那种高速度和神秘感,很快攫住了丘吉尔的心,越险越有趣,他很快就迷上了飞机。

作为海军大臣的丘吉尔大力推动发展航空事业,他鼓励海军航空兵尽一切可能添置和使用飞机和水上飞机,把这当作加强海军战斗力的重要措施。这在当时是一项艰难危险的事业,每种机型都要反复试验,还要培训不怕牺牲的飞行员。

1913年,他开始接受操纵飞机各种装置的训练。飞行员知道,这种职业危险性很大,伤亡率很高。他们不顾丘吉尔发脾气,不让他放单飞。丘吉尔的亲友们,尤其是他的妻子,都担心他发生危险,极力劝阻,不让他飞行。

由于丘吉尔性急好动而又非常讲究工作效率,他总是充分利用飞机这种新式高速交通工具。再往后,他身兼刚成立的空军部大臣,更是常常乘机外出,驾驶技术也更娴熟,能轻松地进行连续性飞行,甚至可以在空中翻跟头。

如果说,在驾驶飞机方面,丘吉尔所表现的还只是在赶新潮中有攻坚克难之勇,机敏善学之才,那么,在研制坦克方面,他却是先知先觉,敢想敢做,善于抓住他人智慧的闪光点加以发展,推动了军事技术的前进,在历史上作出了创新的贡献。

第一次世界大战初期,丘吉尔看到英国海军设在法国敦刻尔克的空军基地面临德国机群轰炸的威胁,便想生产配有高射机枪的装甲汽车来保卫航空兵。

但是,汽车无法顺利通过满是战壕的地段,于是丘吉尔又产生了一个念头,仿照蒸汽压路机的样式来改进装甲车,推土填塞壕沟,或者让装甲车带上四米长的轻便桥梁,放下便桥即可跨越壕沟。

他向首相提出这些方案,但是却遭到一些人的冷嘲热讽。1915年2月,海军航空兵默里·修特上校在观看军事表演时劝丘吉尔说,解决这一问题的最好办法是采用履带链轨。丘吉尔敏锐地抓住了这一创意深入思考,加以完善。

紧接着,在海军装甲兵中队长班多尔召开的一次装甲专家集会上,丘吉尔第一次提出一种重要的新武器的概念,称它为"能越过战壕的具有小型装甲护板并装有履带的气动牵引车辆",大家给它起了一个比喻性的名称"陆地主力舰",这就是后来坦克的雏形。

丘吉尔认为,这种具有无限轨道的武器,不仅能碾碎敌人的铁丝网和越过壕沟,而且还能使用纵向火力压垮敌方的防守,是一种可以大大加强作战机动性的武器。他在海军部成立试制委员会,批准试制18艘"陆地主力舰"。

1916年9月15日,坦克第一次在索姆河战役中走上战场。它轻而易举地跨越战壕,用机关炮射击,落荒而逃的德军被这前所未见的怪物吓得目瞪口呆。此后,坦克的生产才引起英国政府的重视,特别是丘吉尔担任军需大臣后,更是加速大量生产。

1917年11月20日,英法盟军第一次使用大批坦克,在贡比涅猛攻德军,取得了辉煌的战果。此后丘吉尔提出了到1919年4月制造4000辆坦克和组建坦克部队的建议。

1918年8月,英军计划在亚眠附近进行一场大规模的坦克进攻战。丘吉尔决心乘上飞机,休假两天前往观战。到达那里时,这次战役已近尾声,路上挤满了德军俘虏。他向劳合·乔治报告说,这是英军在整场战争中赢得的最大胜利。

坦克战的胜利令人大开眼界,有的文艺作品中出现了把丘吉尔称为"坦克之父"的说法。后来有些人对坦克的发明权产生争议,为此美国专门成立一个皇家委员会来研究这个问题,得出的结论是:"委员会愿意首先指出,由于丘吉尔的勇敢、敏锐和坚决,用坦克这种武器作战的设想才得以实现。"

退出政坛入军界

1915年11月18日，丘吉尔上校就要起程奔赴法国前线了。全家人甚至包括女仆都到大门口为丘吉尔送行。

丘吉尔挂着军刀，脚下堆着行李和军用包，为自己能上战场而激动不已。他忠实的秘书埃迪·马什正站在台阶上，哭得话都说不出来了。母亲站在最高台阶上，满脸绝望的神色，生怕儿子再也回不来了。

丘吉尔走上台阶，紧紧地拥抱母亲："亲爱的妈妈，别担心，我会回来的。您知道，我向来都非常幸运的。"

妻子克洛门第娜整理着丘吉尔的背包，轻声告诉他："温斯顿，你自己要保重。我会照顾好家里的。"

丘吉尔微笑着，向亲人们告别，踏上了征程。

丘吉尔这个时候再不能像任海军大臣时那样，乘着专用快艇，派头十足地旅行了，而只能挤在一艘普通船里，同其他数十名官兵一样，横渡英吉利海峡。不过，丘吉尔并不在乎，他只想到战场上去获取新的荣誉。

在一片萧瑟的气氛中，丘吉尔来到伦敦码头，登船前往法国。

出乎意料，英国远征军总司令弗仑奇将军已派来他的私人汽车，把他接到司令部，以精美的午宴为他洗尘。

弗仑奇问老朋友想干什么，丘吉尔爽快地说："命令我干什么就干什么。"并表示愿先下战壕体验生活，为掌握指挥权创造好条件。

弗仑奇派丘吉尔到近卫步兵团一个营里去见习一个月。丘吉尔很感动，再三感谢弗仑奇将军。

中校营长起初并不欢迎这位前大臣，他冷淡地说："我认为应该告诉您，委派您到我们这里来的事没有同我们商量。"

丘吉尔讨了个没趣，只好走出办公室，去安排自己的住处。

"嗨！你好。我们认识一下吧！我是温斯顿·丘吉尔，你呢？"丘吉尔热情地同住在一起的战友打招呼。

可是这名军官理都不理他，转身就走。旁边的一位军官还小声嘀咕："讨厌的政治家。"

几个月前，丘吉尔还是海军大臣呢！每次他同军官们说话，军官们都是先毕恭毕敬地敬礼，然后才小心翼翼地答话。现在，他主动打招呼，别人竟然都不理他，丘吉尔很伤心。幸好丘吉尔天生就朝气蓬勃，精力旺盛。他一点儿也没有大臣的架子，主动参加执勤任务。

在阴雨连绵的晚上，他像普通战士一样，在潮湿的战壕里站了整整一夜的岗。回来后，他也不叫苦抱怨，还是和往常一样同战友们打招呼。就这样，他很快与同事们成了好朋友。

营里持有保守党观点的军官对大名鼎鼎的丘吉尔很好奇，就想办法捉弄这位自由党人。有次通知他到军长那儿去，要他前往离驻地五公里处的十字路口，那里有辆汽车会把他带到军指挥部。

丘吉尔走过十分泥泞的道路到达预定地点，等了一个小时也没见汽车。一个联络官来告诉他，汽车走错了路开往别处了，又说现在去军部已经晚了，去也没什么大不了的事，只是那里长官想见见他。

丘吉尔火冒三丈，只好踏着泥泞返回驻地。不过他不在的时候，敌人的炮火已经将他住的掩蔽所彻底摧毁。因为军长的一时好奇，丘吉尔捡回了一条命。

丘吉尔勇敢机智，朝气蓬勃，精力旺盛，又接受以往教训，注意谦虚谨慎地处理同事关系，主动请求每天两次陪同营长巡视战壕，终于取得了营长的好感。

结束见习时，营长向弗仑奇称赞丘吉尔的良好表现。弗仑奇有意任命丘吉尔当旅长，可是阿斯奎斯不同意，接替弗仑奇的黑格将军也反对，都说丘吉尔想做个军人，就应当通过所有军阶逐级升迁。

丘吉尔被派到苏格兰第六步兵营当营长，军衔升为中校。脱毛的凤凰不如鸡，大臣倒霉当营长，这种营长不好当。他得想方设法迅速赢得官兵的喜爱，树立自己的威信。

刚到任，丘吉尔就把全体官兵集合起来。

"先生们，谁知道这是什么？"丘吉尔用大拇指和食指捏着个小东西，给大家看。

"虱子嘛！谁不认识啊！每个人身上都有呢！"大家都笑起来。

因为是在前线，洗澡洗衣服都不方便，所以官兵们每个人的身上都有不少虱子呢！

丘吉尔也笑起来："这可恶的小东西专吸我们的血，还传染疾病给我们。"接着，他发布了任营长后的第一道命令，"先生们，向虱子开战吧！"

在丘吉尔的指挥下,大家一齐动手,拿起刷子和铬铁,与新的"敌人"作战。

丘吉尔又带领官兵们,用了三四天的时间把营地整理得干干净净、整整齐齐。为了帮助大家保持个人卫生,丘吉尔高兴地把自己的白铁浴盆拿给大家用。

玛尔巴洛公爵的后代竟然如此平易近人,官兵们立刻喜欢上了这位新营长。

他在营部食堂吃饭谈笑风生,无拘无束地议论政事,并不隐瞒他对阿斯奎斯的抱怨。他在士兵中开展歌咏活动,帮助他们消愁解闷。士兵们既惊异又高兴,玛尔巴洛公爵这个杰出的后代毫无贵族架子,竟然如此平易近人。他随身带着一部袖珍本的莎士比亚作品,一有时间就拿出来阅读。

从见习到带兵,丘吉尔在部队基层生活了四个月,在风雪交加的肮脏战壕里,白天冒着敌人炮火袭击的危险,晚上蜷手缩脚躺进睡袋,他似乎享受到了同士兵们在一起过艰苦生活的乐趣。

精力充沛的丘吉尔就是摆脱不了孩子气,他一闲下来,就要别出心裁地弄些花样出来。丘吉尔给自己设计了一套特别的军服,看上去既像法国军官,又像英国军官,再戴上一顶他最喜欢的蓝色法式钢盔,他走到哪儿都那么引人注意。

这天,丘吉尔的老朋友西尼将军来前线看他。

"嗨!温斯顿,看来你过得不错呀!"看着丘吉尔的一身古怪打扮,西尼将军忍不住笑开了。

丘吉尔打量一番西尼:身穿整洁、笔挺的将军制服,脚蹬擦得黑亮,光可鉴人的大皮鞋,可真是派头十足。

丘吉尔又想玩他的恶作剧了。他对西尼说:"老朋友,来参观一下我的战壕吧！这可是我精心设计的呢！"

丘吉尔不由分说，就拉着西尼钻进战壕，在肮脏的战壕里东绕西绕，爬上爬下。

等到西尼将军好不容易摆脱丘吉尔，一身名贵制服已是肮脏不堪，黑亮的皮鞋上满是污泥。丘吉尔和全体官兵都开心地咧嘴大笑。

这段时间，前线比较平静，没有大战发生。丘吉尔觉得无聊，就又不安分起来，甚至开起了德军的玩笑。

丘吉尔常常在夜里命令部下向德军开火。黑夜里，德军辨不明情况，还以为有人偷袭，只好都爬起来，胡乱地开枪还击。逗得丘吉尔十分开心。

丘吉尔经常对部下说："战争是一种游戏，应当满面笑容地作战。"丘吉尔的乐观精神，极大地鼓舞了官兵们的士气。

丘吉尔现在虽然不再是大臣，但仍然是下院议员。在内心中，他从未放弃政治和自己的责任。

1915年3月初，为了参加议会会议，丘吉尔请了一个星期的假，回到伦敦。

这次会议主要讨论关于海军预算和海军部一些职位的人选问题。在前线待了这么久，丘吉尔比那些整天开会的政治家们对战争了解得更深刻。他警告道："尊敬的先生们，你们已经看到，德国海军的力量正在不断壮大，为了保证我国海军的优势，就必须建造更多的军舰。如果说有谁能更好地完成建造军舰的任务，我认为，只有费希尔将军。他才是海务大臣的最佳人选。"

话才说完，议员们发出了一片嘘声。有人故意大声说话，让丘吉尔听见："这个滑头，又在玩弄政治伎俩了。"原来，这几个月丘吉尔不在伦敦，不知道报纸上正在大肆宣扬他与费希尔将军不和，时常争吵。丘吉尔在离开海军部之前，在一些事情上的确与费希尔将军的意见不一致，但他是对事不对人。现在，正是从大局出发，他毫不犹豫地推荐费希尔担任要职。没想到被人误会，说他玩弄阴谋。

伦敦报纸上更是猛烈攻击丘吉尔，说他"居心叵测，厚颜无耻"。丘吉尔拿着报纸来找劳合·乔治诉苦，希望好朋友能给他一点儿安慰。劳合·乔治却坦率地说："温斯顿，你别生气。说实话，我认为报纸上说的是正确的。"

丘吉尔很寒心，因为连好朋友都不理解自己。他也很担心，因为他看到英国的政治家们只顾着进行党派斗争，争权夺利，却不知如何领导战争，这样下去，英国非打败仗不可。他陷入深深的矛盾之中。

丘吉尔渴望战斗，渴望冒险。前线的生活富于刺激性，让他获得了极大的荣誉和满足，能够摆脱政治生涯中的钩心斗角。可是作为政治家，他又被强烈的责任感所鞭策。战争形势越来越严峻，他必须回到自己的岗位上，更有效地发挥自己的才智，为国家尽最大的能力。政治毕竟是他的事业。

丘吉尔左右为难，犹豫不决。

不久，丘吉尔的难题解决了。由于战斗激烈，人员伤亡很大，1916年4月间，上级命令苏格兰步兵第六营同第七营合并，原第七营营长资历比他深，获任新合并营营长。

丘吉尔没有离开他的营，但是他的营离开了他。丘吉尔只好回国当他的议员了。5月间，丘吉尔回到伦敦。

随着局势的发展和变化，丘吉尔因为那次海战而导致的需要恢复声誉的问题，也在第二年得到了基本满意的解决。

重返政界任军需大臣

1916年5月9日，丘吉尔在返回伦敦的当天发表了一项声明，说他"获准回来休假"，并打算"继续尽其在议会和政治上的职责"。

过了三周，《伦敦公报》宣布，丘吉尔放弃了他的中校军衔。这是陆军部批准丘吉尔退伍时的一个附加条件。从此以后，丘吉尔就再也不能要求在军队中任职了。

丘吉尔再度回到政治生活中来，不仅需要一定的经济地位作保障，还需要在政治上恢复自己的名誉。前一件事的解决在他来说要更加容易。作为一名著作丰富的作家和著名撰稿人，又有着地位显赫的政治经历，他的文章可以轻易地换取丰厚的报酬。

这一年7月，丘吉尔为《星期日画报》写了四篇文章，并获得稿酬1000英镑。照此计算，他每年可以毫不费力地赚取不比他当大臣的薪水少的收入。

那些在政治上和丘吉尔作对的报业巨头，并不反对利用他的影响力扩大报纸的销路。《星期日画报》的编辑称，在他的第一篇文章发表后，该报的发行量就达到了250万份的创纪录数字。

但是丘吉尔要想在政治上恢复自己的声誉就不是那么简单了。海军在战争中失利给他造成的损害是如此之大,以至于他的演讲往往被有关海军某个战役的叫喊声所打断。因此,他渴望政府尽快公布有关加利波利等战况的文件。议会中要求公布有关此事文件的呼声也很高。

阿斯奎斯本来并不愿意公布有关文件,但是他也不能完全无视议会的要求。最后找出的折中办法是成立一个皇家委员会专门听取有关证词,并负责提交一份有关此事的报告。

报告的结果是:由丘吉尔一人承担的责任,现在由这个国家的一批最杰出的人来分担,因而他卸下了一个沉重的政治上的大包袱。这一结果,在很大程度上使他摆脱了政治上的被动局面,为他东山再起带来了新的希望。

在此期间,丘吉尔在下院显得相当活跃。他经常作为反对派前座议员的发言人,发表措辞强硬的演说来批评政府。

在下院积极活动之外,丘吉尔还花费时间就公共政策中的一些紧迫问题写了许多文章,试图通过舆论界直接施加影响。

在政府内部,劳合·乔治在许多政策问题上的主张与丘吉尔极为相似。1916年12月6日晚,英王召见劳合·乔治,要求他出面组成新政府。

12月10日,劳合·乔治通过和丘吉尔共同的朋友乔治·尼德尔带口信给丘吉尔,表示要帮助丘吉尔。劳合·乔治的确这样做了。他先建议让丘吉尔担任航空委员会主席;当这一尝试失败后,他又安排丘吉尔担任军需大臣。

这一次劳合·乔治做得既巧妙又果断,他先把反对丘吉尔的主要人物诺思克利夫安排出使美国,然后改派现任军需大臣艾迪生去负责研究战后重建问题,接下来未同博纳·劳进行磋商,就宣布了对丘吉尔的任命。

劳合·乔治这一冒着政治风险的任命成为既成事实,使被排挤出政治圈外长达近两年之久的丘吉尔又重返政坛。

1917年7月17日,当丘吉尔的军需大臣的任命宣布后,立即引起了舆论界和政界的强烈反应。尽管博纳·劳对劳合·乔治不打招呼就任命了丘吉尔一事很感恼火,但是从大局出发,他不愿意因此事而断送了联合政府。

因此他表态说,如果首相认为这项任命有助于打赢战争的话,那么他有权作出这项任命。这才使反对之声逐渐平息下来。

此事使丘吉尔认识到自己是多么的不受欢迎。这使他在性格和处世上都有了些变化。

雷平顿曾评论说,丘吉尔"看起来成了一个完全不同的人,我从未见到有人能在如此短的时间内发生这样好的变化"。

劳合·乔治说:"丘吉尔的前途取决于他以后能否使人相信,他不仅勇敢,而且谨慎。"

丘吉尔在9月初写给劳合·乔治的信中说:

> 这是一个令人非常愉快的部门,几乎与海军部一样富有意义,其最大的优点在于,既无须与海军将领争执,又不必与德国兵作战。
>
> 我为能同所有这些聪明的实业家在一起而感到高兴,他们正在竭尽全力帮助我。

在军需大臣任上,丘吉尔决心有声有色地开展自己的工作,为实现政治抱负打好基础。

推动多项新发明

新任军需大臣丘吉尔上班后,发现这个庞大的机构工作体制紊乱,规章制度不全,效率低下。他首先精简和改组机构,健全财务监督制度,以有效的管理促进工作良好运行。

他紧张地奔波于各个兵工厂,督促把大炮、枪支、子弹、坦克、飞机源源不断地制造出来,将军火和军事装备的生产提高到前所未有的水平,尤其是组织了大规模的坦克生产。

他不断飞往法国战场,了解和满足前线将士对军需品的需要。他领导的军需部还为美国生产了价值1亿英镑的中等口径的大炮。

同时,丘吉尔仍然不愿把每一点新的想法囚死在自己的头脑里,而要把它们贡献出来,尽管可能是创见,也可能是谬见。他继续向劳合·乔治送交各种建议信件,设计诸多夺取主动权和打赢战争的大胆战略方案。

1918年3月份以来,丘吉尔加快了军需生产的速度,并要求250万工人在必要时放弃复活节的休假。他不仅为美国提供军需品和制造大炮,还与法国军备部部长路易·洛切尔保持着密切联系。

在协商合作过程当中，美法两国一致同意将全世界生产的硝酸的分配权集中在丘吉尔手里，使丘吉尔后来能够自夸为"硝酸大王"。

丘吉尔仍然一如既往地注重科学技术对增强军队战斗能力的关键作用。他主张尽可能地用最科学的战争武器来装备英国军队，比如用飞机、坦克、机枪，甚至是毒气。

早在海军大臣任内，他就曾动用海军经费改进和大量建造被称为"陆地行舟"的履带式战车。这种由轮式装甲汽车发展起来的新型武器装备，后来演变成威力巨大的现代坦克。其中一些关键性的技术改进，比如由轮式改为履带链轨，就是丘吉尔在听取了军事专家的建议后实施的。

1918年3月5日，丘吉尔在一份报告中提出：

为了在1919年对敌人进行打击，我们应该创建一支坦克部队，这支部队在其构成上和作战方法上，都应与双方所使用的任何一支部队根本不同。

后来，战时内阁批准了丘吉尔的到1919年4月制造4000辆坦克的建议。

1918年9月末，德军统帅部建议德皇威廉二世更换政府。马克斯亲王组阁后，以美国威尔逊总统在1918年1月的演说中提出的"十四点"为基础，试图达成一项和平解决办法。

丘吉尔一方面仍不松懈地抓紧军需生产，做好各种有效的准备，以确保敌人即使形势有利也不能继续战斗下去；另一方面，他开始考虑第一次世界大战的停战问题。

丘吉尔参加了首相与大臣们在苏塞克斯郡丹尼花园的利德尔大厦举行的讨论停战问题的会晤。他虽然同意大臣们在会晤中得出的

"考虑到协约国方面目前已确实占有战略上的优势，因此停战条款必须严厉"的共同认识，但后来他在曼彻斯特的演讲中也强调指出，要求敌人完全屈服是不可能的。

丘吉尔在演说曾经这样强调：

> 我们并不要求德国无条件投降。对任何一个国家，亦即对人类大家庭中任何一个伟大的分支，都无权进行掠夺，而理应保证它在未来世界中的地位。我们并不图谋去毁灭德国。

1918年11月11日11时，正式宣告了第一次世界大战以英法等协约国的胜利而告终。丘吉尔和怀孕多时的妻子克洛门第娜一起乘汽车去唐宁街向首相表示祝贺。欢呼胜利的人群蜂拥而来，聚集在白厅前的广场上举行庆祝活动。

丘吉尔站在窗前等候伦敦大钟敲响停战钟声。11时整的钟声刚刚响起，只见男男女女从楼房里出来，潮水般涌向伦敦市中心特拉法加广场，一边高呼"国王万岁"，一边发疯似的跳起舞来。

这一场面令丘吉尔联想起8月4日23时他经过这里到唐宁街10号向首相通报战况时的情景，心中不禁感慨万分。

当丘吉尔听到英勇的人们欢呼时，想起自己肩负这样的重担，贡献所有的一切，从不动摇，对祖国及其前途从不失去信心；在表达情感的时刻到来时，对犯有过错的仆人也能宽宏大度。

想到这些，丘吉尔内心的感情实非言词所能形容。同时，他也清楚地意识到，大战之后，英国的政治局势将变得更加微妙而复杂。

身兼数职的内阁大臣

1918年11月11日,第一次世界大战结束,协约国取得了胜利。

在庆功之余,丘吉尔回顾自己在欧洲这场空前的战争中的贡献,感到可以说的仅有两项:战争初期使皇家海军具有充分准备,从英吉利海峡移驻北海,并把英军平安地运送到法国;战争后期保证了充分的军需供应,尤其是促成了大规模的坦克生产。丘吉尔颇感遗憾的是,战争从头至尾,自己竟然毫无作为!

劳合·乔治原打算在战争结束前举行大选。因为自从美国参战以来,各方面进展的情况都预示着胜利确已在握。

劳合·乔治想利用这一有利时机使他和他领导的政府通过大选赢得稳定的基础,以便更理想地完成向战后和平时期的过渡。但是战争结束得比预期的要早,因此他决定马上举行大选。

1918年的大选颇为独特。劳合·乔治派的自由党人同保守党人之间的联合依然有效,因而在凡是劳合·乔治派自由党人要保卫其议席的选区,保守党的候选人都撤出竞选。

而不属于劳合·乔治派的自由党人则照常需同保守党人展开争夺。这些自由党人奉阿斯奎斯为首领，实际上提不出什么同联合内阁相对的方针政策，因此也难以对选民有号召力。

丘吉尔的选区登迪市的报纸《登迪广告客户报》认为："阿斯奎斯派和劳合·乔治派的分歧仅在于对阿斯奎斯先生的个人尊严的看法，绝无其他。"

实际上明确地持不同政见的只是少数自由党议员和少数工党议员，他们直言不讳反对战争。就总体而言，工党是反战的，但不公开反。在当时"爱国心"仍极强的选民中，直言不讳地反对战争是很难赢得人心的。

丘吉尔在登迪选区的地位很巩固。他曾在1910年的大选中非正式地同工党候选人亚历山大·维尔基结成联盟，赢得了他原有的议席。维尔基在战时忠诚地支持联合政府，因此自由党和保守党都认为这两位再度出马，必可再度获胜。

在工党地方组织的推荐下，另一名工党成员詹姆士·布朗也加入了竞选行列。还有一名禁酒主义者，声言支持工党的史格立姆交也再度参加竞选。这两人都程度不同地反对战争，并且支持工党比较激进的主张。

因而在登迪选区的大选中，事实上等于丘吉尔和维尔基为一方，同布朗和史格立姆交为另一方的竞争。维尔基劝告他的支持者们把选票平分给他和丘吉尔，丘吉尔也向他的选民号召再把维尔基选上去。

丘吉尔的竞选演说谴责了"绥靖派、胆小鬼、失败主义者"，但不主张对战败之敌索取过量的赔偿，也不主张进行报复。他主张别让英国出现军国主义，要求建立国际联盟，以防止再次发生战争。

大选结果在圣诞节过后才揭晓，丘吉尔和维尔基一起获胜。劳合·乔治重建政府时，于1919年1月让丘吉尔改任陆军大臣兼空军大臣。任命一出，报界又议论纷纷，特别对丘吉尔"同时驾驭两匹马"的能力表示怀疑。

大战刚刚结束，英国国内普遍贫困，罢工迭起，社会动荡不安。陆军部和空军部最迫切的任务便是将参战的军人复员。在当时，数百万在欧洲大陆征战多年的英国军人渴望返回故园与家人团聚，重新过平民生活。

在战争结束之前的1917年，陆军部曾同政府其他非军事部门商讨后订出了一项复员方案，规定为了建设工商业的需要，优先复员工商业需要的人才，这就造成了大量早参军者晚复员、晚参军者早复员的现象，大大地挫伤了军队的士气，有些地方甚至因此出现了示威和反叛。这是丘吉尔必须对付的一个棘手问题。

1919年1月14日，丘吉尔在白金汉宫参加了授任仪式，第二天他立即召集全体陆军委员会委员、驻法英军总司令黑格将军以及有关的民事部门的代表开会，讨论这一迫切问题。

丘吉尔的建议是取消现行的复员方案，代之以一项以年龄大小、服役长短、伤残轻重为依据的复员计划。

丘吉尔建议让四分之三兵员退伍复员，留下四分之一兵员完成所需承担的任务，主要是在和约谈判期间和在海外各地执行警卫、占领任务，留下的兵员享受双倍薪饷。同时还招募和训练志愿兵员作为将来的接替，成为和平时期的常备军。

这一计划得到了黑格将军的支持，后来也得到在巴黎参加和会的劳合·乔治的支持。

这些事件使人们认识到，丘吉尔的计划不仅是合理而公正的，而且是及时的和深得军心的，征兵法案亦被认为是十分必要的，得到了许多人的支持。

尽管阿斯奎斯派和工党强烈反对，但法案在下院还是以绝对多数得到通过。丘吉尔在这一特殊时期中所表现出来的胆识和魄力，受到了人们的广泛称赞。

从连续落选中崛起

在 1923 年 12 月这次大选中，保守党、工党、自由党都没有取得下院过半的多数议席。丘吉尔生怕自由党支持工党上台，便劝说自由党领袖阿斯奎斯同保守党合作，结成反社会主义联盟执政。

可是阿斯奎斯却认为可以让工党试一试，如果工党政府违反资产阶级根本利益，那时撤回自由党的支持，它就会因议席不够而垮台。丘吉尔得知这一情况很生气，他决心早日退出自由党搞独立行动。

1924 年 1 月，工党领袖拉姆齐·麦克唐纳组织了英国历史上第一届工党政府。它奉行的社会改良主义仍旧是资产阶级政策，但同苏联建立了外交关系，进行商务谈判。

2 月，鲍尔温宣布，根据选民意愿放弃改革关税主张，这就为丘吉尔靠拢保守党铺平了道路。当有人谴责他同保守党合作是改变了政治立场时，他振振有词地自辩说："并不是因为我改变了自己的立场，而是保守党已经非常英明地回到或正在回到有远见的进步的行动纲领上来。"

这时，恰好伦敦威斯米思特教堂选区有个刚当选不久的保守党议员去世，需要进行补缺选举。丘吉尔征得当地保守党人同意，以独立的反社会主义者身份参加竞选。

丘吉尔的一个仅有23岁的崇拜者布伦丹·布雷肯，极有组织和宣传能力，他为丘吉尔安排了一些引人注目的竞选措施，如由一个小号手一路热热闹闹地吹奏做伴随，丘吉尔乘坐四轮大马车在选区做巡回旅行。

然而，第三次竞选又失败了，丘吉尔伤心极了。了解丘吉尔的人曾说："他拖着沉重的脚步在大厅里走来走去，耷拉着脑袋，身体东摇西晃，活像一只陷于绝望状态中的困兽。"

不过丘吉尔很快就调整好自己的情绪，继续小步慢移地转向保守党。通过保守党中过去的朋友牵线，他应邀出席保守党利物浦、爱丁堡集会，发表令保守党人听来很入耳的演说。

不久，工党政府因撤销对一家共产党报纸主编的起诉，遭到保守党和自由党的反对。自由党不再支持工党政府，于是1924年10月又解散议会进行大选。

这给丘吉尔又送来了好机会。竞选开始，他有时一天就同一个题目发表四处演说，每次都能运用不同的语句和改换不同的例证，令人无重复感而有新鲜感，一再显示出他善于打动人心的才华。

他抓住工党执政中的问题大加抨击，说工党完全无法解决失业问题。举行投票那天，他又乘坐四轮大马车到各个投票站去巡游，制造节日般的热闹喜庆气氛。这次连鲍尔温也为他打气，写信给以慰勉："我们热烈欢迎您能在下院给予帮助，下院已久未见到您从事议会政治的巨大才能。"

这次丘吉尔以"宪政主义者"的身份，在埃平选区以比对手领先将近一万票的票数当选。在他竞选期间一系列活动的推动下,十几位原先的自由党候选人也以"宪政主义者"身份参加竞选,不少自由党选民第一次投了保守党的票。

他经过两年艰难的努力,终于又回到了议会。他给他的竞选班子中的工作人员每人颁发一枚纪念章,上面刻着"联合与胜利"。

在阔别20年之后,丘吉尔又投入保守党的怀抱。英国新闻界评论说:"他换一个党就像换一个舞伴那样轻率。他只忠实于他真正相信的一个党,这个党就是丘吉尔牌号的党。"

1924年11月7日,在鲍尔温组织保守党政府时,他任命丘吉尔为财政大臣。丘吉尔怎么也想不到,自己一下子蹿升到内阁第二把手的高位,眼泪不禁夺眶而出!他原以为鲍尔温只会让他当不管部大臣呢!

吃惊和感激之余,他向鲍尔温发誓,保证对他忠贞不贰,并补充说:"你为我做的事情比劳合·乔治所做的还要多!"当朋友们向丘吉尔祝贺时,他不禁想起19世纪两任保守党首相的迪斯累里的话:"政治上风云变幻的乐趣是领略不尽的。"

事实上,丘吉尔当财政大臣,倒真有点是天上掉下馅饼来,连鲍尔温自己事先也没想到。鲍尔温起初只是觉得,遵照英国古老的政治传统,把潜在敌人变成战友,给丘吉尔在政府内安排个职务,"在政府内比在政府外更容易控制"。

原先想让他当印度事务大臣。助手们对鲍尔温说:不妥。丘吉尔太容易冲动了,他处理爱尔兰问题就曾在危急时刻失掉理智。于是又打算让他重返海军部,驾轻就熟,或者去当卫生大臣,因为他战前曾对建立保险制度感兴趣。

出乎意料的是,在定盘前的最后一分钟,财政大臣人选不愿担任此职了,虽然他过去曾在短期内担任此职。他觉得,既然不搞关税改革,财政大臣所能取得的政绩就十分可怜了。他倒是很愿当卫生大臣,便推荐丘吉尔来替换他,并说如让丘吉尔当海军大臣会引起不少争论,因为丘吉尔是当海军大臣出了问题而下台的。

鲍尔温听了颇为犹豫,后来一想,与其让丘吉尔、劳合·乔治、伯肯海勋爵三个精力充沛的杰出演说家结成同盟来批评、刁难自己的这一届政府,倒不如发挥丘吉尔的聪明才智来为保守党政府效劳。于是,丘吉尔就这样被任命为财政大臣,真算是喜从天降了。

担任最困难的职务

鲍尔温对丘吉尔的任命令人啼笑皆非。因为丘吉尔对财政问题一窍不通，而且缺乏任何兴趣，读书时就没学好数学，竟当了财政大臣！

面对数十年宦途的最大成就，丘吉尔穿起他母亲用薄纱和樟脑保存了30多年的他父亲穿过的财政大臣的官服，兴冲冲地走马上任。

面对他迄今担任过的最困难的职务，丘吉尔把他的秘书班子一下子扩大到五人，并依靠财政部的顾问班底出主意，小心翼翼地迎接这次他以为是通向最高职位的最后的擢升。

丘吉尔在财政大臣任上，于1925年4月28日向议会提交财政部编制的预算，决定恢复战前实行的金本位制，恢复英镑的黄金外汇平价。这一主张是英格兰银行行长蒙塔古·诺曼提出并一直坚持的。

支持者认为这样做可以控制黄金外流，紧缩通货，降低物价。但这项改革对英国工业和工人阶级的打击是沉重的，它使英国商品在国际市场上提价百分之十二，造成竞争力下降。

在处理国外债务问题当中，由于丘吉尔对技术性问题一窍不通，又过于急躁，往往被存心拖延谈判的对手所击败。本来德国在战后向英国赔款和欧洲盟国向英国借款的数额，要多于英国欠美国的借款，但是，谈判的结果却使外国政府得到的好处多，而英国国库则吃亏不少。

一年一度的财政预算报告是财政大臣的重头戏。当丘吉尔从唐宁街11号财政部官邸走出来，嘴角挂着神秘的微笑，手中提着一个装着预算草案的红色小提包，前去议会说明预算的主要数字及其变动理由，提请议会审议时，成群的伦敦人和外地人都驻足而视，等待经过一次特殊庄严仪式之后公布的预算。

因为这是关系国计民生的大事，其中的增税减税措施更是直接与千家万户的收入与支出息息相关。

丘吉尔提出的预算，在下院都能顺利通过。这得益于他出色的演说家口才，即以动人的言辞弥补了蹩脚的理财家之不足。他在议会发表的言论，历来以透彻的说理和深邃的目光而著称。

丘吉尔实行的是一条紧缩政府开支的路线。他要求削减海空军的扩军计划，认为德国海军已被摧毁，日本同英国有同盟关系，英日之战在最近或遥远的将来都是不可能的。

这种错误的判断，在客观上妨碍了英国军事实力的增长，以致在第二次世界大战前期面临强敌而处于被动的局面。政府还削减了对医疗和失业保险的拨款，由此遭到工党议员的抨击。

在增收方面，恢复了对进口人造丝绸征税和战时制定的对进口高级消费品的征税，新开征了一些税种和提高了某些税率。

丘吉尔于1927年又主张取消工业和农业的地方税，企图通过减轻企业主的负担而促进生产，增加就业。由于内阁中对此有争议，最后折中方案是将此税取消四分之三。

丘吉尔的预算中也有促进社会福利改革的措施，如发放孤儿寡母抚恤金，将领取养老金的年限从70岁提前到65岁。但是这些经费大多不是由国家支付，而是靠雇主和就业工人捐助。

丘吉尔参加了内政大臣主持的供应与运输委员会，积极鼓吹和完全支持对罢工实行坚决镇压，并安排军队和招募的志愿兵在警察控制不了局面时，穿便服、戴臂章、持警棍去维持秩序。

出自曾经从事新闻工作的本能与直觉，丘吉尔敏感地想到，必须出版一份临时性的代表政府发言的报纸。《晨邮报》的主编哥温拿表示愿意将该报设备交政府使用。于是在1927年5月3日傍晚，丘吉尔偕同空军大臣霍尔和一位低级大臣戴维森去报社，在那里一直待到凌晨3时，安排出版一份新的官方日报。

新的官方日报《英国公报》一问世，几天内发行量从23.2万份迅速跃增到250万份，成为当时全球第一大报。报纸用的纸张，全部由政府出钱购买。这种破坏公平竞争的做法曾引起《泰晤士报》抗议。作为出版人和主编，丘吉尔通过这份报纸不遗余力地攻击罢工参加者，使反对工人斗争的宣传攻势达到顶点。

总的来说，丘吉尔当财政大臣政绩平平，乏善可陈，失业问题也未能得到根本性的解决。首相鲍尔温对丘吉尔过分好胜和总是炫耀自己也不满意。他打定主意，以后如果他再组织新政府，就绝不再把丘吉尔延揽进去。1935年他第三次组阁时果然说到就做到了。

1929年是例行的大选年，丘吉尔全力投入到竞选斗争中去。在全国范围内，保守党由于反对工人运动和对失业问题束手无策而威信扫地。保守党丧失大量议席，工党领袖麦克唐纳受命组阁。

1931年1月，丘吉尔退出了"影子内阁"。此后很长一段时间，他只作为议会中一个普通的后座议员，对议会的活动采取了比以前冷淡得多的态度，把主要精力放在绘画、写作和旅游上。

丰富多彩的休闲生活

丘吉尔在政治上无人理睬,但他并没有因此精神崩溃,也没有虚掷时光。

他用创作上的波峰填补政治上的浪谷,用绘画和著述的成就与喜悦抚慰官场的失意与寂寥。

丘吉尔学画,始于他离开海军部之后。一天,他从业余画家、弟媳琼纳夫人手中接过画笔,试着比画了几下,突然发现自己具有绘画的天然禀赋,对色彩的感受很灵敏。于是,他决定发展自己画画的才能。

起初,丘吉尔用侄儿的颜料盒进行绘画练习,接着就从画店中购置了全套的画架、调色板、画笔、颜料管和画布等。他让人摆出各种姿势作为肖像素描的模特儿。

他部下几个军官将他的画推荐给英国著名画家约翰·莱弗尼,莱弗尼认为丘吉尔只要坚持下去,就可以成为靠绘画谋生的职业画家。他勤学苦练,在莱弗尼悉心指导下,数月以后,画技大有长进。莱弗尼还给丘吉尔画了一张他的工作画,画面上以花园作衬景。

丘吉尔穿着乳白色工作服，戴着汉堡帽，抽着雪茄烟，手中拿着调色板站在那里，俨然一副忙于绘画的神气。

无论是去郊外度周末，还是去朋友家做客，他总是随身带着画架和颜料，一有机会就画起来。

他曾对一位记者说："如果一天画不完两幅画，这一天就算白过了。"

由于有很好的调色感，又向画家塞尚纳的门徒学习画法的基本技巧，丘吉尔的风景画后来小有所成。

丘吉尔喜欢在法国南方、意大利、西班牙、北非和地中海的岛屿上作画。他画过日落景象、湖光林景、埃及金字塔、雅典娜女神庙和耶路撒冷城景色。

英国景色的灰暗色调和灰蒙蒙的天空对他没有吸引力，丘吉尔喜欢地中海的大风大浪，喜欢蔚蓝艳丽的大海和阳光明媚的天空，他的画使人想起自己富于浪漫主义的个性和叱咤风云的历史。

丘吉尔在巴黎举办过小型风景画展，有的作品卖到一定的高价，并被国家博物馆珍藏，1948年，他出版了《绘画集》。

毕加索对他的评价是：

> 要是他是个职业画家的话，准可以不愁吃穿。

如果说绘画还只是丘吉尔新的业余爱好，那么，写作则是他固有的专长。

在处于政坛边缘乃至界外的岁月里，丘吉尔大大地拓展了写作的领域，开始进行大部头乃至多卷的著述，并由此获得非常可观的收入。

早在当陆军大臣时,丘吉尔就开始了《世界危机》即第一次世界大战回忆录的写作。

1922年12月,丘吉尔在法国南方夏纳租了一幢别墅,抛开一切无关事务,把自己的超群才干和惊人的记忆都集中于此书的写作上。从这本书开始,他采用了向秘书口授的方式写作。

丘吉尔总是嘴里咬着没有点燃的雪茄,在房间里来回踱步,一面思索,一面口授内容。起初轻声细语地叙说着每一句话,等到他觉得措辞清楚妥当之后,再高声向秘书复诵一遍。每天他能口授英文三四千个词。

1923年,《世界危机》在《泰晤士报》上连续选载,当年出版了前两卷。这两卷得到两万英镑稿酬,丘吉尔用这笔钱在伦敦东南不远的肯特郡韦斯特汉姆附近购买了卡特维尔庄园,这是他后来公余休假和退休至逝世前经常居住的地方。

到1929年,这部四卷五册长达2000页的巨著全部问世。

《世界危机》在叙述从1911年开始的十年间世界性重大事件,鲜明地贯穿了英雄创造历史的观点,实践了丘吉尔"创造历史的最好方法是把它写出来"这一原则。

其中叙述丘吉尔本人活动和作用占了重要的地位,并且提出这次世界大战时期在战略问题上持正确观点的,多半不是职业将领,而是职业政治家包括他自己这一看法。

书中的傲慢自负曾引起军界、政界的轩然大波。但不管怎么说,在欧洲,政治家能够在记述自己参与领导的历史大事中进行深思的,自恺撒写《高卢战记》以来,丘吉尔乃是第一人。

1930年,丘吉尔的《我的早年生活》经《新闻纪事》杂志连载后出版，接着又出了美国版，都受到读者的热烈欢迎。这本经埃迪·马什仔细润色过的书，丘吉尔晚年还津津乐道是他"以往写的一部最好的书"。

此时，丘吉尔的文学技巧已臻于圆熟，《泰晤士报》评论此书说："几乎没有人能够用一只如此有把握的手，去拨弄所有的琴弦：幽默，亢奋，不动声色的嘲讽，对已消失的习俗和荣耀，令人感伤的遗憾，追寻友谊。"

接着丘吉尔又着手写《玛尔巴洛传：他的生平和时代》。他决心把这本书写成学术性传记。

1932年丘吉尔曾去玛尔巴洛战斗过的德国巴伐利亚和奥地利考察古战场遗迹，因为喝了脏水还染上了伤寒。

丘吉尔先后聘请两个牛津大学历史系优秀毕业生做助手，代他到伦敦、巴黎、维也纳等地搜集和整理原始资料，调查和利用玛尔巴洛家族后代和远亲的收藏品。

《玛尔巴洛传：他的生平和时代》四卷先后于1933年、1934年、1936年、1938年出版，附有许多脚注、文件、复印件和实物插图以及作战地图，对传中主要事迹的考核、详述和评价，都超过了著名历史学家麦考莱等人的有关作品。

这部缅怀祖先的史学巨著，对于后来丘吉尔在第二次世界大战中拟订系统的军事战略，加强外交上的大联盟，发扬玛尔巴洛传统、进行自我教育等都发挥了重要作用。

美国总统肯尼迪特别爱读这本传记。

1933年初，丘吉尔同伦敦出版商卡塞尔签订合同，预支稿酬撰写《英语民族史》。在写这本书时，他甚至聘请了研究维多利亚时代的历史学家当他的高级助手。

到第二次世界大战爆发前，此书已大体完成，但因战争等事中断，直到1958年才出齐四卷本。

这一时期，丘吉尔还在报刊上发表一系列文章，出了不少小册子和演讲集。他的稿件总是写得整齐清爽，他很守信用地按时交稿。他平均每年获得10万美元、约合两万英镑的稿费收入，但需从中支付助手报酬和资料费。

丘吉尔著述颇丰，到了后来的1948年至1954年，他又出版了《第二次世界大战回忆录》六卷。

写作期间丘吉尔每天工作八小时，口授1万个词语，有两个能干的助手班子为他服务。

在写作本书时，他还邀请了一批军事专家、历史学家和文学家，帮助核对事实、查阅资料，解答他本人不甚了解的问题。该书第一卷上市时，几个小时就卖出25万册。

全书出版后，英美多家杂志高价竞相争取连载权，美国《生活》周刊以200万美元夺标。《星期日泰晤士报》说："20世纪很少有人比丘吉尔拿的稿费多。"1953年，他荣获诺贝尔文学奖。

丘吉尔的文风犀利、幽默、直率、爱铺排，其雄辩的措辞轻快又尖酸。他的不少名言脍炙人口，如"在战争时，坚决；在失败时，反抗；在胜利时，慷慨；在和平时，仁慈。"

第一次世界大战期间和战后初期，在卡特维尔庄园，丘吉尔与家人曾经度过了一段丰富多彩的居家和旅行生活。

丘吉尔常同儿女一起猜字谜和参加化装舞会，为他们建了一座小木屋，鼓励他们自己组织游戏。

丘吉尔特别爱装扮成大猩猩模样，一边摇晃着身子在地上吃力地爬行，一边发出"哼哼呀呀"的声音，去抓捕四处逃跑和躲藏起来的孩子。

在海边度假时,丘吉尔领着保镖和孩子们进行费时费力的筑堤截流娱乐。

卡特维尔庄园离伦敦只有一个小时的汽车行程,劳合·乔治等友人常常在周末来到这里,丘吉尔爱跟他们没完没了地谈论政治,直到夜深才散。

丘吉尔善于动脑,也爱动手,购置卡特维尔庄园后,就按照自己心愿,逐年进行一些改造和建设。他专门向石匠学习过,每天学习6小时,直到学会了砌砖垒石手艺。

丘吉尔既爱洗澡又爱游泳,1924年底,召来亲友在溪谷地带修筑一条堤坝拦水,建成一座新的游泳池。

由于污泥太多,杂草丛生,这项工程没能令丘吉尔满意,便又修筑另一条堤坝,建造一个带有热水供应系统的游泳池,即使在寒冷的冬天,也能请客人在这里游泳。

庄园内还修建了小屋、养鱼池、养猪场、户外凉廊,开辟了菜园,造了假山和瀑布。两个养鱼池分别喂养鲑鱼和金色鲤鱼。

丘吉尔饲养的良种母猪不止一次地在伊登布里奇肥猪展览会上获奖。他的一个侄子想从事室内装饰这一行当,被丘吉尔雇来在凉廊中展现玛尔巴洛的战斗场面,于是"奇形怪状的车辆从威尔士穷乡僻壤气喘吁吁地赶来,装满了从山腰采来的大石头"。

他在庄园的四周砌起了围墙,将这个独门独户的大院落同外界隔离开来,每当主人在家的时候,庭院的屋顶上就升起一面旗子作为标志。

1929年8月整整一个月,他盖了一所小别墅,还口授了一本书。每天砌200块砖,口授2000个词。

丘吉尔的砌墙技术引起建筑工会当地负责人的注意，决定吸收他为工会会员，收了他的入会会费，给他发了会员证。但是不少会员却对此提出抗议，这不仅因为丘吉尔砌墙只是业余消遣和自我服务性劳动，而且更因为他曾冷酷地镇压过工人运动。

自从不再驾驶飞机后，丘吉尔喜爱的体育活动主要是游泳、打马球和猎野猪。他是下院马球队队员。

有一次他从马背上摔下来，跌得一身青肿，伤势很重，在床上躺了一个星期，从此就逐渐放弃这项运动了。

威斯米思特公爵在法国诺曼底有座大别墅，丘吉尔每年都要到他那里去打几天野猪，有时还带儿子伦道夫去。

在财政部长卸任的当年夏天，丘吉尔如释重负，一下子甩掉令人厌倦和苦恼的事务，同弟弟、儿子和侄子并带着厨师和侍从，横跨大西洋做长途旅行。

丘吉尔在旅行沿途几个大城市短暂停留，发表演讲，并去风光优美的地方观光。

车过落基山脉，他们下车在湖边游览数日，丘吉尔还画了一些写生画。

在纽约的不幸遭遇

1929年，55岁的丘吉尔再次在大选中失败，离开内阁。

在政坛上奋斗了20多年的丘吉尔，已经习惯了政治生涯的风云变幻。他平静地搬出大臣住所，开始了赋闲生活。

失去了大臣的职位，也就失去了丰厚的薪金。这时的丘吉尔，又添了一个小女儿。为了全家人的生活，他得考虑如何赚钱。

想来想去，丘吉尔决定去美国走一趟。一来可以散散心，二来可以发挥长处，做几场收门票的演说，赚点钱。

这个想法得到了妻子的支持。

12月，丘吉尔带着妻子克洛门第娜，还有已经长成美丽少女的黛安娜，一起来到美国。他打算12月14日在纽约举行这次旅行的第一场演讲。

丘吉尔先休息了几天，认真地准备讲稿。

其实在20多年前，丘吉尔就在美国举行过收费演讲。

那时，他还没进入政界，只是个在新闻界有了点名声的毛头小伙子，想为竞选攒点钱。

记得有一次，美国著名文学家马克·吐温帮他主持演讲会，那可真是人山人海，听者如潮，让丘吉尔赚了一大笔钱。

现在，丘吉尔虽然年过半百，名声赫赫，但他还是和年轻时一样认真，一字一句地推敲讲稿，努力达到最佳效果。

13日，丘吉尔已经为演讲做好了充分准备。他决定放松一下，出去看望老朋友伯纳德·巴鲁科。

"亲爱的克洛门第娜，我出去一会儿，拜访一下伯纳德·巴鲁科。"

丘吉尔穿好大衣，拿起手杖，准备出门。

克洛门第娜赶紧走出门来："等一下，我给你叫辆出租车。"

"不必了，天气这么好，伯纳德住得又不远，我想走着去，就当是散步呢！"

丘吉尔摆弄着手杖，迫不及待地往外走。

"好吧，好吧！不过你可要慢点走。"克洛门第娜知道，丘吉尔那活泼好动的孩子气一上来，谁都拦不住，只好由他去吧！

丘吉尔兴致勃勃地走在大街上。阳光那么暖和，照在身上真舒服。要不是在人来人往的大街上，他真想跑一跑，跳一跳呢！

光顾着高兴，丘吉尔忘了一件要命的事：

各个国家的交通规则是不一样的。在英国，汽车都是靠左侧通行；到了美国，汽车可是靠右侧通行的。

丘吉尔想横穿马路，于是探头向右看看，没有车。他放心地大踏步迈了出去。

"嘎"！只听一声刺耳的刹车声。一眨眼的工夫，丘吉尔已经被汽车撞倒在地，失去了知觉，手杖也飞得老远。

闯祸的司机吓坏了，赶紧跳下车来看他。

这里正是纽约最繁华的第五大街，人来人往，非常热闹。不一会儿，就围了一大群看热闹的人。警察也过来看出了什么事。

还好，丘吉尔很快就醒了过来。他虽然浑身是血，一动也不能动，但是神智还很清楚。

他挣扎着，向警察解释："警察先生，对不起，都是我的错，不怪这位司机先生，是我弄错了车来的方向。"

司机撞倒了人，又看出丘吉尔衣着考究，是个有身份的人，正在暗自担心自己惹了大麻烦，没想到人家主动承担责任，自己受了重伤躺在地上，还在替别人求情。

司机非常感动，也抢着说："是我不好，对不起，我马上找车来，送这位先生去医院。"

经过检查，丘吉尔内脏出血，遍体擦伤，骨头还断了 15 根。他伤得可真不轻。

麻烦的是，交不出治病的钱来，医生不肯给丘吉尔看病，可是丘吉尔必须马上动手术。

丘吉尔此时已是脸色煞白，嘴唇一点血色也没有。他躺在担架上，浑身疼痛得像要马上死去一样。

他强忍着巨大的疼痛，想对医生说明，他肯定付得起医药费："医……医……生……我……"

可是他的声音太微弱了，而且还因为伤口太痛了，他说的每一个字都抖得厉害，医生根本听不清。

幸好，克洛门第娜得到消息及时赶来了。她看到正在痛苦挣扎的丘吉尔，眼泪忍不住落了下来。

在克洛门第娜的安排下，丘吉尔终于躺在了手术台上，接受了及时治疗。

英国政治家在美国因车祸住院,这可是个大新闻。一向消息灵通的美国记者怎么能放过这个机会呢?于是,每天都有一大批记者守在医院门口,想要采访丘吉尔。

丘吉尔最喜欢出风头了。他的伤稍微好一点就接受了记者的采访,还同前来道歉的司机合了影。

美国许多报刊都刊登了这张照片。

丘吉尔的身体太虚弱了,暂时不能进行演讲,但是他很想就这次车祸写篇文章。

于是,丘吉尔躺在病床上,口授文章,请秘书记录。后来整理出来,题目就叫《我在纽约的一次不幸遭遇》。

丘吉尔的名气那么大,文章写得又吸引人,几乎每一家美国杂志都转载了这篇文章。光是稿费,丘吉尔就收入了几千美元,够他带着全家在巴哈马群岛休养三个星期了。

过了一阵子,丘吉尔挣扎着起床,进行旅行演讲了。

他的身体还是很虚弱,往往整个白天都得躺在床上休息,到了晚上才能勉强站起来,发表演说。

丘吉尔高兴地发现,美国听众对他的演讲非常感兴趣,而且富于耐心。在这里,他发表了许多长篇的、经过深思熟虑的演讲。

虽然非常劳累,丘吉尔还是慢慢地恢复了体力。

回到英国后,丘吉尔又找到了新的乐趣:砌墙。

他又弄来一大堆沙子,还买了一大车砖头,都堆在院子里。

正在和泥的时候,才8岁的小女儿玛丽跑过来:"爸爸,你这是在干什么?为什么往自己的脸上弄灰呢?"

丘吉尔还没等开始干活,脸上就已经黑一道、白一道了。

他忍不住哈哈大笑,也往可爱的小女儿脸上抹了一道灰,惹得玛丽一个劲叫:"妈妈,快来!爸爸欺负我!"

等他终于砌完一道墙,克洛门第娜忍不住感叹:"啊,多么伟大的墙啊!虽然只有十几米长,可是用了几个月的时间呢!"

虽然丘吉尔不再是大臣了。可是克洛门第娜一点儿也不抱怨。她知道,政治始终是丘吉尔最热衷的事业,离开了政治,丘吉尔心里不好受。所以,克洛门第娜不仅不阻止丘吉尔胡闹,反而帮着他找乐子,希望丘吉尔能忘记忧伤。

识破德国军国主义企图

20世纪30年代中期,德国的纳粹党正勃勃兴起,他们在复仇和准备新战争的旗帜下,攫取了德国政权。当时英国许多人考虑这将威胁英国在欧洲的利益。

丘吉尔越来越深刻地思考着这个问题。

1932年夏天,丘吉尔在参观玛尔巴洛公爵当年作战的地区时,就十分注意德国事态的发展。丘吉尔后来写道:

> 当我们经过这些美丽的地区,经过一个又一个古代名城的时候,我自然而然地了解了希特勒的动向,我感受到法西斯主义的侵略气氛,发现这是每一个纳粹党人心目中最主要的事情。

1933年1月30日,希特勒出任总理,肆无忌惮地扩充军事力量,而英法美各国竟保持沉默,但丘吉尔越来越强烈地意识到,纳粹分子上台后,德国军国主义复活,这不光给苏联也给英国利益带来致命的危险。

与此同时，希特勒还在加紧扩军备战。1933年10月，希特勒退出了世界军备会议和国际联盟，继而又废除了凡尔赛条约中限制军备的条款。他还明目张胆地以挑衅的姿态向全世界宣告，德国拥有36个师团计55万陆军。不仅陆军如此，凡尔赛条约规定不得拥有飞机的德国空军，也具备了英国空军的三分之二的力量，并具有很快超过英国的潜力。

海军也不例外。现在制造的小战舰的实力已达2.6万吨。1935年6月，英、德两国签订海军协定，规定："德国可以加强海军力量，但最多不得超过英国海军实力的35%。"英国似乎认为将德国海军实力控制在英国的35%就可以高枕无忧了。按这一协定，德国可以建造战舰5艘，航空母舰两艘，巡洋舰21艘，驱逐舰64艘。

德国肆无忌惮地扩充军事力量，丘吉尔的这一预言被逐步证实了。裁军会议的失败也使丘吉尔感到从此应该放手重整英国军备。

在这方面，丘吉尔认为技术装备在20世纪的战争中具有决定力量。他把注意力放在空军上。他考虑到，英吉利海峡作为巨大的水上障碍，把英国和欧洲大陆分开，但地面障碍无法阻止德国空军的进攻。

丘吉尔非常注意德国空军的发展，并尽力促使迅速改组英国空军。他在下院发表的有关这个问题的演说表明，无论是对德国的动向还是对英国军事装备的现状，他都了如指掌。

丘吉尔目前在政府中没有任何正式职务，却能掌握确实可靠的现实资料，并能根据这些资料得出自己的结论，这些结论日后证实是正确的，这一点似乎令人奇怪。

其实，丘吉尔一直同陆军部和外交部的许多官员保持着密切接触。不但如此，他还同法国的一些政治家保持着联系，他甚至同柏林的一些人建立了联系。他正是通过这些渠道得到了大量的情报，并据此对未来局势的发展做出了准确的预测。

在第二次世界大战前夕，丘吉尔的一些讲话以《英国仍在沉睡》为题汇集成册发表了。这个集子出版后，在英国人民中间产生了巨大反响。他一再强调德国空军的严重威胁，他说：

过去海军是英国的可靠后盾，现在不能这样说了。可恶的空战方法的发明和改进，从根本上改变了我们的地位。我们已经不是20多年前那样的国家了。

1934年11月，丘吉尔在对国王的答辩词中指出：

我们的国防实力，尤其是空军实力不够充实，不足以保证陛下忠实臣民的和平、安全和自由。

德国现在已经有了一支空军，如果照目前的速度发展下去，那么到了明年的今天，德国空军的实力至少和我们相等，也许比我们还要强。

鲍尔温不同意丘吉尔的这些预测，他认为德国空军的实力绝不会像丘吉尔断言的那样和我们相等，或比我们更强。照我们的估计，我们两年后仍将有百分之五十的优势。但只过了半年，鲍尔温便不得不公开承认丘吉尔是正确的，而他则完全错了。

1936年3月底，丘吉尔在保守党外交委员会上，通过演讲阐述了他多年来所遵循的欧洲外交政策的原则。他说：

英国四百多年来的对外政策就是反对大陆上出现最强大、最富于侵略性和最霸道的国家。特别是防止比利时、荷兰、卢森堡落入这些国家手中。

从历史上看,在这四个世纪中,人和事,环境和情况已经发生了变化,而这个目的却始终如一。

根据这一原则,丘吉尔提出一个问题:

今天,究竟哪一个国家是最强大的并且力图称霸欧洲呢?是德国。

德国正在以历史上前所未有的规模扩充军备,他们很快就不得不在经济财政崩溃或者发动战争这两者之间作出选择,而这个战争的唯一目的,以及如果取胜的话,其唯一结果,就是纳粹统治下的德意志化的欧洲。

在这种情况下,英国必须再一次联合欧洲的一切力量来约束、抑制,必要时挫败德国的霸权。

丘吉尔当时不在政府任职,但他的演讲影响了许多人,为日后英国做好战争准备起到了积极作用,也为他自己以后在第二次世界大战中发挥作用创造了条件。

1937年5月28日,鲍尔温由于年迈辞去了首相职务,继任他的是内维尔·张伯伦。丘吉尔希望借此机会进入政府,但张伯伦担心丘吉尔在他的政府中可能变得势力过于强大,因此丘吉尔仍被排斥在政府之外。

丘吉尔和张伯伦的分歧越来越大。张伯伦主张推动德国同苏联交战,这样既会消灭苏联,也可以使德国精疲力竭,没有能力为争夺欧洲霸权而同英国作战。

丘吉尔则认为德国不仅对苏联是个威胁,而且对英国和其他国家也是威胁。他知道,不能相信希特勒无意敌视英国的声明。

张伯伦对自己的外交能力估价很高,对同希特勒和墨索里尼的谈判寄予毫无根据的希望。他认为只要同法西斯独裁者坐下来谈判,就能立刻说服他们接受符合英国利益的条件,并和德意达成协议。

1938年,国际问题的焦点是捷克斯洛伐克问题。希特勒要求瓜分这个国家,张伯伦打算满足他的要求。

9月28日,张伯伦在下院发表演说,在他讲了将近一个小时之后,有人递进一张纸条。这时张伯伦的脸和整个表情都突然变了样,他好像年轻了十来岁。

张伯伦宣布希特勒同意把军队动员令推迟24小时,并同英国、法国、意大利首脑在慕尼黑会晤。下院对这一消息报以热烈的欢呼。在走出了会议厅时,丘吉尔则走到张伯伦面前,语含讥讽地说:"祝您成功,您真幸运。"

1938年9月底,张伯伦前往慕尼黑,参加了四国首脑会议,最后签订了慕尼黑协定,把捷克斯洛伐克的苏台德区割让给德国。几个月之后,捷克斯洛伐克很快被德国完全吞并。

丘吉尔一直反对和德国妥协,在大战即将来临之际,他以政治家的胸怀反复地谈论着同苏联达成谅解以终止德国扩张的必要性。

就在张伯伦到达慕尼黑参加四国首脑会议期间,丘吉尔打算联名给张伯伦拍电报,要求不要破坏捷克斯洛伐克的安全。可是,其他人一个接一个地表示自己不能签名。

当那些人什么事情也没做就决定离去的时候,丘吉尔的眼里噙满了泪水。

自以为是的张伯伦一回到英国就声明:"我相信这是我们时代的和平"。丘吉尔清楚,慕尼黑协定是英国和法国的失败。他说,慕尼黑协定和保障和平毫无共同点,而且会对英国产生十分不利的后果。

第二次世界大战临近了。随着德国入侵波兰后战争局势的发展变化,丘吉尔参加政府取得政权的希望与日俱增。

1939年春夏之际,张伯伦的绥靖政策屡遭挫折,但他仍然希望同希特勒谈判取得成功,这导致他在英国人民中威信扫地。

丘吉尔在战争年代里坚持不懈地批评张伯伦的对外政策,而且他提出的批评又多为事实的发展所证实,因此在英国社会舆论中,人们把他看成是抵抗德国侵略的权威人士。随着时局的客观进程,丘吉尔通往政权之路终于打通了。

临危受命担任内阁首相

1939年9月1日凌晨，德国突然出动58个师，2800辆坦克，2000架飞机和6000门大炮，向波兰发起"闪电式进攻"。

就在德国进攻波兰的当天，丘吉尔接到了张伯伦的邀请，请他晚上到唐宁街10号。会见时，张伯伦提议他进入政府工作并成为战时内阁阁员。丘吉尔立即表示同意。

在他们谈论战时内阁人选问题时，丘吉尔乘机把自己的几个追随者拉进内阁。

9月3日，张伯伦清楚地看到绥靖政策的失败，被迫在下院宣布英国同德国处于战争状态，丘吉尔在政府内任海军大臣和阁员。但丘吉尔并不满足于此，他想得到首相职位。

丘吉尔认为，能否取得首相职位，在很大程度上取决于下院压倒多数的保守党。因此，开战后，他不再批评保守党领袖张伯伦，他极力表明，他在内政、外交以及战时政策的一切问题上都要同张伯伦真诚合作。

在丘吉尔担任张伯伦政府海军大臣期间，海军的活动最积极。他每天工作 18 小时，在他的领导下，把商船队编入海军护航舰队，制订了对德国的海上封锁计划，组织建造新军舰和搜索德国潜艇。

丘吉尔在这届海军大臣任内比以前任何时候都更加关心海军部以外的事情。他相信他会当上首相，需要熟悉各方面的情况。这段时间，他还同美国总统罗斯福建立了直接联系。

罗斯福沉着、冷静、明智而富有远见，他预见到英国政治的未来属于丘吉尔。从那时开始，丘吉尔和罗斯福便长期通信，直到欧洲战争结束为止，双方通信达千封之多。

1940 年春天，多数下院议员都怨恨张伯伦，表示政府无能是显而易见的，应当辞职。

在对政府的信任投票中，张伯伦惨遭失败，政府必须辞职。丘吉尔成为首相无可争议的继承人。但张伯伦想由哈利法克斯组织政府。

5 月 9 日，张伯伦会见哈利法克斯和丘吉尔。他问丘吉尔是否同意参加哈利法克斯的政府，丘吉沉默不语。哈利法克斯懂得，沉默就是反对。

他便打破沉默，说："在当前这种战争条件下，首相必须是下院议员，我作为上院议员是不宜组织政府的。"他清楚，一旦丘吉尔拒绝进入政府，愤怒的群众风暴就会掀翻政府。

就在权力斗争进行得难解难分之时，德国在西线发动了进攻，袭击了法国、比利时、荷兰。

张伯伦本来想利用这一局势握住首相大权不放，他认为战争紧急的情况下，任何人不能强行改组政府。但下院拒绝了他，他只好到白金汉宫向国王递交了辞呈。

1940年5月10日下午,国王终于授权丘吉尔组织政府。丘吉尔终于取得了梦寐以求的大权。

5月13日,丘吉尔在下院发表了简短演说,他说:

> 我没有别的,只有热血、辛劳、眼泪和汗水贡献给你们。
>
> 你们要问,我们的政策是什么?我的回答是,竭尽一切可能和投入全部力量在海上、陆上和空中进行战争,这就是我们的政策。
>
> 你们要问,我们的目标是什么?我可以用一个词来答复:胜利!不惜一切代价去争取胜利,无论道路多么遥远和艰难也要去争取胜利。

丘吉尔组织的政府,除了保守党以外,还有工党和自由党参加。艾德礼被任命为掌玺大臣,贝文为劳工与兵役大臣,莫里森为军需大臣,亚历山大为海军大臣,辛克莱为空军大臣。其余重要职位都由保守党人担任,他们在政府中占统治地位。

丘吉尔除了任首相以外,还接受了下院领袖和国防大臣的职务,实际上掌握了最高军事领导权。丘吉尔喜欢外交工作,哈利法克斯、后来是艾登领导的外交部常常被撇在一边,外交大臣的作用不大,首相已经完全包办了。

丘吉尔的工作节奏历来非常之快,他的同事们感到与他共事很为难,他总是一个人说了算,而且他规定的工作制度也令人难以接受。所有的重要会议都要在晚上召开,往往一直开到深夜才结束。

丘吉尔很早时就养成了午睡的习惯,他每天都不放过这一享受;白天休息,晚上便可以工作得很晚。

尽管丘吉尔曾开玩笑似的向同事们宣传午休的好处,却很少有人效仿他,只有海军上将庞德坐在圈椅里嗜睡。

丘吉尔通常在早晨8时左右醒来,躺在床上阅读报纸和文件,直到中午。他躺在床上接见来访者,向各部口授命令和指示。

丘吉尔是个性格果断、意志坚强、精力充沛的人,而且是个雄辩的演说家。在对德作战时期,他充分运用这些素质来领导国务活动。他的大量演说都能准确地分析局势和英国民众的心理,他抨击希特勒及其党羽并号召本国人民积极抗战。

丘吉尔的这些演说受到人民群众的赞扬,也终于得到反映群众情绪的有才干的军事将领们的拥护。丘吉尔的威望日益提高。

丘吉尔取得政权后的最初阶段困难很多。德军突破了英法前线,战火向法国北部蔓延,危及巴黎,英国远征军有被歼的现实危险。

丘吉尔很可能在德国人发动进攻的初期就已经意识到法国不可能取胜。

这意味着英国不久即将失掉最后一个主要的同盟国。

丘吉尔政府需要立即着手解决几个问题。要千方百计延长法国的抵抗时间以便给德国军队造成最大创伤,同时也为英国训练陆军、空军并为准备生产武器赢得时间。

法国人坚决要求补充军援。英国的陆军很少,但空军很强,因此,法国政府一再要求派遣新的飞行大队去法国。

丘吉尔在最危急的时刻不顾艰险,数次飞往法国同法国政府官员会谈。会谈中法国人总是要求支援飞机,而丘吉尔总是回避向法国派遣自己的空军后备力量，主张法国靠自己的现有装备坚持斗争。

丘吉尔在这个不寻常的时刻，表现得坚定、勇敢。当1940年6月4日召开下院会议的时候，他作为首相向英国人民发表了慷慨激昂的演说。他说：

  我们将在法国作战，我们将在海上和大洋上作战，我们将充满信心在空中作战，我们将越战越强。我们将不惜任何代价保卫本土。

  我们将在海滩上作战，在敌人登陆的地点作战，在田野和街头作战，在山区作战，我们任何时候绝不投降。即便我们这个岛屿或这个岛屿的大部分被征服并陷于饥饿之中，我从来不相信会发生这种情况，我们英国舰队武装也将继续战斗。

1940年5月下半月，丘吉尔曾经想把墨索里尼争取到自己方面来。他以个人名义给这个法西斯独裁者写了一封信，叙谈他对墨索里尼以往的友情并希望他不要站在德国一方作战。

然而，这一尝试毫无结果。

法西斯的意大利急急忙忙地出来声援胜利者，于是英国在南欧、地中海和北非又多了一个新的强大敌人。

在法国最后挣扎的日子里，为了延长法国的抵抗时间，丘吉尔积极主张英法联合起来组成一个统一的国家，统一宪法，共同组织一个议会，组织统一的政府和军队。

但是，法国政府这时一心要与胜利者德国妥协，而不是向濒临灭亡的英国靠拢。丘吉尔的建议毫无结果。

　　1940年6月22日法国同德国签订了停战协定。英国失掉了所有的同盟国，只好孤军作战。

　　这时，英国人民意识到国家、民族遇到了致命的威胁，从而表现得异乎寻常的英勇顽强，准备焕发精神，继续坚持抗德斗争。丘吉尔的行动表达了英国人民的战斗意志，因而显著提高了他的群众威望。丘吉尔成了民族战争的领袖，人民相信他的战时内阁能够采取有力措施把战争进行下去。

敦刻尔克胜利大撤退

1940年5月24日,南线德军沿海岸推进到布伦,包围了加来,距敦刻尔克只有20多公里,很快就要锁住海岸边狭窄的袋口,对英法联军围而歼之。

就在这天,希特勒发出了停止前进的奇怪命令,到26日夜间才取消。

英国远征军司令戈特将军和英国的海军、空军,都充分利用了这个意外的宝贵喘息机会。

一面加强防务,以三个师兵力在重炮配合下积极抵御。

一边开始悄悄地飞毛腿一般逃向海中,几天之内从暴露在德军鼻尖下面的沙滩上以惊人的速度撤退了33.8万多人。

这就是丘吉尔部署的"发电机计划",即震惊全世界的海上突围奇迹,彪炳史册的敦刻尔克胜利大撤退。这次撤退虽然丢盔弃甲,一切重武器装备损失无遗,每人只带回一支步枪,但是保存了最为宝贵的有生力量。

从5月26日19时开始,"发电机计划"在退休的海军上将贝特兰·雷姆具体组织下，紧张神速而又有条不紊地进行着。

敦刻尔克这个小小港口的码头，此刻已被炸毁，所有设备荡然无存。

英法联军只好聚集在多佛尔海峡的沙滩上，先搭乘小船离岸，到深水处再换大船驶往英国，海峡最窄的地方只有33公里。

各种类型、各种动力的船只都集中到了敦刻尔克海岸附近，从驱逐舰、巡洋舰、运输舰到渔船和货船，从汽艇、摩托艇、游艇到小帆船和舢板。

大小舰船日日夜夜穿梭般地奔驶在多佛尔海峡两岸之间，呈现出一幅有史以来未见的千帆竞发、百舸争流的蔚为壮观的图画。

对海洋和岛国居民素质都缺乏了解的希特勒及其将领们，做梦也想不到熟悉海洋的英国人，竟能在面临绝境时创造出神话般的奇观。

由于前方是纵横交错的河渠和大片湿地，坦克部队行动不便，德军主要用飞机和大炮进攻逃向海边的敌人。

他们起初根本瞧不起那些小得可怜的船只的作用，扬扬得意地做着英军"正走向毁灭"的美梦。

直到5月30日，德军最高统帅部才发现，大批英军正从他们眼皮底下成功地逃到英国去了，就下令加强空军的狂轰滥炸。

数以万计的英法官兵，不顾炮火的猛烈袭击，秩序井然地在沙滩上等待救援。

英军防线顶住德军日益增加的压力，始终岿然不动。众多舰船撤走的军人人数逐日上升，由27日的7669人进展到31日的6.8万人，大大地超过了预料。

狂轰滥炸炸不垮这条钢铁运兵线。一些舰船被炸沉了，更多的商船、民船、私船纷纷自愿前来支援，总计出动非军用舰船861艘。

在这几天里，丘吉尔发现海军部地图室主任皮姆上校等几个经常见面的人不辞而别，不知去向，后来才知道，他们也驾驶一艘荷兰小船，四天内运送了800人。

刚晋升为少将的蒙哥马利指挥第三师在鲁贝突围后，命令全师600辆军车都在后栏板下装个微弱的小灯。靠着这一点微弱灯光的指引，顺利完成夜间转移，于29日进入敦刻尔克桥头堡左侧阵地。次日一早，上司前来通知，他升任第二军军长。

30日，远征军总司令戈特召集担任后继任务的两个军长商议，决定蒙哥马利的第二军先撤回英国，巴克的第一军最后撤退，不得已时巴克可自作决定向敌投降。

会后蒙哥马利单独找戈特建议：要避免向敌投降，指挥官应有镇静而清醒的头脑。

巴克并非适宜人选，第一军第一师师长亚历山大更为合适。戈特于是调巴克回国，由亚历山大接管第一军。

蒙哥马利率部于31日晚上到达海滩时，那里的临时码头已经塌陷，只好连夜徒步赶往敦刻尔克，于黎明前登上驱逐舰回国，慌乱中连自己的钢盔也失落了。

亚历山大在1940年6月3日指挥最后一批英军登船。4日"发电机计划"结束，22万多英军全部撤出，大大超过原来指望撤出的人数，另有11万多法军等盟军也撤往英国，只有少数法国后卫部队无法脱身。

在救援敦刻尔克的九天九夜中，丘吉尔昼夜不眠，全神贯注，亲自指挥。他向政府官员发布通令：

在这黑暗的日子里,如果政府中所有的同僚以及重要官员能在他们的周围保持高昂的士气,首相将不胜感激。

大臣和官员不负所望,宁愿牺牲生命,家庭和财产全遭毁灭,也不愿屈膝投降。

战时内阁表现了坚强的团结,人民群众万众一心,出船出力,团结在内阁周围,奋勇抗敌。

敦刻尔克大撤退的成功使很多人大感欣慰,有些人将之当作一场胜利那样庆祝。

冷静的丘吉尔提醒他的人民,这绝不是一场胜利。

丘吉尔这时所表达的决心,大大地鼓舞了全国军民同希特勒战斗到底的斗志。

紧要关头努力结盟

1940年6月18日,丘吉尔于战争的紧要关头在下院发表讲话,他慷慨激昂地说:

法兰西之战已告结束,不列颠之战就要开始。

因此让我们勇敢地承担起我们的责任,而且我们应当鞠躬尽瘁,死而后已,英帝国就是存在千年之后,人们还能说"这是他们最光辉的时刻"。

当时,在法国崩溃之后,英国领导人认为:只有采取综合手段才能击败德国,就是施加经济压力,空袭德国的工业和交通枢纽以及居民点,在德国占领区广泛组织反抗运动。

后来的战争进程表明,仅用这些手段还不足以赢得胜利。但是英国当时没有其他手段可使。制订战略计划的人可能当时就知道,这种战略无济于事,可是他们想不出别的办法。

英国官方的第二次世界大战历史学家约翰·巴特勒写道:"谁

都说不出应当怎样做才能保证取得胜利，才能在最近的危急岁月使国家免于灭亡。"

英国政府在法国失败之后仍坚持作战，这一举动提高了丘吉尔在广大人民群众中的声望，也逐渐改变了他在保守党内的地位。保守党党员渐渐懂得丘吉尔是他们的唯一希望，只有利用他日益提高的威信，方可挽回这个党在人民群众当中的声誉。

1940年9月底，内维尔·张伯伦因健康状况恶化而辞职，不久即去世。因此需要选举新的保守党领袖。这时大家已经很清楚，只有丘吉尔能够胜任。

《星期日泰晤士报》写道：

丘吉尔是我们的秘密武器。在这个伟大的时刻我们在伟大领袖的英明领导下战斗感到无比幸福。今天，丘吉尔不仅是英国精神的化身，而且是我们的坚强领袖。不仅英国人，整个自由世界都对他无比信任。

这份报纸表达了当时英国保守党领导人的观点。

丘吉尔懂得，英国孤军作战必须设法摆脱不易避免的迅速失败，因此，采取许多坚决措施：根据抗敌需要动员国内各类资源，扩大军火工业，建立民防队，进行反击德军的训练以防德军入侵英国岛屿时措手不及。

与此同时，丘吉尔还积极设法争取新的盟友。德国是可怕的劲敌，所以新的盟友必须具备同德国旗鼓相当的或者超过德国的实力。当时只有两个具备这种条件的国家没有参战，就是苏联和美国。

丘吉尔的注意力转向这两个国家。他继续保持并加强同罗斯福总统的个人书信往来，共同商讨最重要的英美关系和世界局势问题。丘吉尔在信中仍然署名"前海军人员"。他非常喜欢玩弄华丽的辞藻，在战时也是如此，他总是给各种会议和战役冠以名目繁多的代号。

丘吉尔积极设法说服罗斯福，要他相信英国取胜对美国有利，而德国取胜必将给美国带来不幸和灾难。他千方百计鼓动美国参加抗德战争。

他终于同罗斯福谈妥，英国以租让西印度群岛的基地来换取美国的50艘旧驱逐舰。这一交易与其说使英国海军得到补充，莫如说在推动美国参战的路程上取得重大进展。

与此同时，美国在1940年下半年和1941年上半年给予英国道义上和物质上提供的各种援助，是对处于困难时期的英国的有力支援。

美国虽然提供支援，但并不急于参战。英国领导人担心，在美国还没有坚决地同英国并肩战斗之前就出现悲惨的结局，因此，他认为利用苏联同德国之间的斗争具有特殊的重要意义。

丘吉尔积极利用苏德之间的矛盾，努力团结苏联力量。1940年夏天，他任命工党领袖克里普斯为驻苏大使，责令他改善英苏关系，并说服苏联参加对德战争。丘吉尔就像需要空气一样需要苏德开战，因为只有这样才能使苏联变成自己的盟友。

1941年春天，希特勒派鲁道夫·赫斯访问英国。赫斯是从自己驾驶的飞机上跳伞后被英国当局抓获的。英国政府代表与赫斯举行了秘密谈判，赫斯建议英德签订和约，共同对付苏联，并建议丘吉尔离职，由亲法西斯分子组织新政府。

丘吉尔当然不会接受赫斯的这些建议,但他却没有明确拒绝,而是保持了沉默。这种态度使舆论界开始怀疑政府对德国的立场,而丘吉尔却没有采取任何措施来打消这种疑虑。

其实丘吉尔是在暗示德国人,他在进攻苏联时可以得到英国的某种支援,从而推动希特勒去冒险攻打苏联。希特勒一旦真去冒险,则给他以坚决的回击。

赫斯是希特勒丢给丘吉尔的诱饵,而且丘吉尔却要让希特勒自己吞下这个诱饵。希特勒和德国其他领袖都坚决反对在东西两线同时作战,英国的态度使他们没了后顾之忧。

20世纪30年代,希特勒曾不止一次地玩弄过英国的首相和其他国务活动家,尤其是内维尔·张伯伦曾多次被希特勒愚弄。而这次,丘吉尔却愚弄了希特勒,并给他带来了毁灭性的后果。

1941年6月22日4时,外交部接到德国进攻苏联的消息。丘吉尔曾严令身边的工作人员,除非是德国进攻英国,不能在8时之前叫醒他。8时,工作人员才叫醒了丘吉尔并向他报告了德国进攻苏联的消息。丘吉尔感到非常兴奋,因为这是他任首相以来得到的最好消息。英国广播公司9时广播了丘吉尔的演讲,丘吉尔说:

我们要给予俄国和俄国人一切可能的援助。俄国的灾难就是我们的灾难。

在这个时刻,丘吉尔表现出了一个大政治家的风度。

7月12日,英苏签订了在对德战争中采取共同行动的协议,英国准备向苏联提供军事援助。

除了与苏联结盟,丘吉尔还和罗斯福在大西洋的一艘军舰上会晤，这是他们第一次会晤。双方拟订了大西洋宪章，决定共同援助苏联，向它提供武器和战略物资。并声明英美两国在战胜德国和它的附庸国之后致力于建立公正和民主的世界。

丘吉尔希望美国尽快参战。在远东，日美关系日益紧张。日本已经同德国结盟，日美冲突终将导致美德开战。因此，丘吉尔尽一切可能怂恿美国政府对日本表现强硬。

1941年12月7日，日本偷袭珍珠港，太平洋战争开始。有了苏联和美国的参战，英国取得了战争胜利的实际保障，英国得救了。

在东地中海艰苦角逐

1940年7月,就在敦刻尔克撤退后,英国本土处于危急之时,意大利乘机在非洲大陆进行扩张。

墨索里尼妄图以所占利比亚、厄立特里亚、阿比西尼亚和意属索马里为基地,动用40多万意大利和土著军队去夺取英国在东非和东北非的殖民地和保护国,建立一个自恺撒以来未有的以意大利为宗主国的大帝国。

意军侵入了苏丹和英属索马里,英属肯尼亚处于意军从阿比西尼亚南下威胁的惊慌之中。

意大利在利比亚靠近埃及边境一带,早就集结和部署了拥有大量现代化装备的七八万军队。到秋天,连地方部队一起增至30万人,悍然向埃及发动了大规模进攻。英国中东总司令韦维尔将军统帅的英、印、澳军,起初不战自退。

12月9日,个个身体瘦削、面目黧黑、在沙漠中经受长期训练的完全机械化装备的英印联军开始反攻,以攻克西迪巴拉尼为起点,沿着地中海海岸从东向西挺进。

在英国舰队和海军飞机的配合下连战皆捷，先后占领利比亚境内巴尔迪亚、图布鲁克、班加西和贝达夫姆，前进了500公里，歼灭意大利9个师，俘虏11.3万人，击毁意大利飞机几百架，粉碎了墨索里尼称霸非洲的迷梦。

在这些战役进行过程中，丘吉尔接连不断地向前线将士发出祝捷电报，鼓舞士气。他引用诗人沃尔特·惠特曼的话勉励他们再接再厉：

> 每一个成功的果实，无论它是多么圆满，都将带来一些需要我们投入更大的战斗才能加以解决的问题。

1940年12月23日夜，丘吉尔又通过广播向意大利人民发表讲话，在追述了英意两国人民长期友谊之后，揭露墨索里尼掌权18年来，把国家带到了可怕的毁灭边缘，他表示将等到意大利民族能再次创造自己命运的那一天，这一天必定要到来。

1942年春，英军主攻方向是摧毁意大利在东北非的武装。他们将意军逐出苏丹，收复英属索马里，攻占意属索马里，又发动阿比西尼亚武装起义进行配合。

惨败的墨索里尼向希特勒苦苦乞援，纳粹头子派隆美尔率两个装甲师组成非洲军团开往北非，任命隆美尔为北非德意联军司令。

隆美尔曾任绰号"鬼怪"的装甲师师长，在以闪电战进攻法国时俘获大批英法部队，并最先追到敦刻尔克海边，迫使未及撤往英国的3万多法军投降。他彪悍泼辣，敏捷狡诈。2月12日他带两个先遣营在利比亚东北的黎波里登陆，他的大部队由于英国拥有地中海制海权一时还到不了。

隆美尔了解到这时韦维尔的英军一部分已去东非，一部分到希腊战场增援，剩下的主力调回埃及休整，以素质和装备均差的新兵去前线换防，便带领小部队长驱近千公里，越过水源缺乏的沙漠，3月31日到达前线并发起进攻。

他把大众牌小汽车乔装成坦克以壮声势，吓得刚来前线增援的英印新兵心惊胆战。隆美尔旋风般在两周内挺进600多公里，连克阿盖拉、班加西、塞卢姆等地，逼近埃及马特鲁。

英军正在新旧交接中的两个中将前线司令在乘车逃跑时一同被俘。丘吉尔下令死守的图布鲁克港口要塞，已被包围在犬牙交错的前线的敌方一侧。在中东前线视察工作的陆军大臣艾登说："韦维尔一夜之间老了10岁。"

丘吉尔听到韦维尔组织反攻的"战斧"计划失利后，在卡特维尔庄园郁郁不乐地徘徊于幽谷之间数小时之久，心想"韦维尔已经是一个心力交瘁的人了，我们已把这匹驯良的马骑得走不动了。五六个各不相同的战区的任务都压到他一人身上。"

为了扭转战局，丘吉尔和内阁及军界商量之后，决定进行人事调整，将韦维尔同印度总司令奥金莱克互调，并派利特尔顿为内阁驻中东主持非军事事务的国务大臣。

经过五个月休整，在兵力和装备上都明显强于德意联军的英军，发动代号为"十字军战士"的大规模进攻。11月18日傍晚，大雨滂沱，10万英军上万辆军车浩浩荡荡开始西征。

隆美尔早已筑好地堡，里面密布机枪大炮，构成坦克陷阱，把英军装甲部队打得晕头转向，损失惨重。但鉴于兵力不足，补给困难，隆美尔撤去对图布鲁克的包围，退回阿盖拉。补充一批装备和人员后，他又在1942年1月下旬发动进攻，占领班加西。

丘吉尔认为隆美尔是个棘手的人，他在下院陈述战况后说："我们遇到了一位非常勇敢善战的对手，而且如果我们可以撇开战争造成的破坏来说，他是一位伟大的将领。"

隆美尔继续进攻，6月21日重又攻占图布鲁克，3.3万英国守军向不到他们人数一半的德军投降。正在华盛顿参加会谈的丘吉尔接过罗斯福递给的电讯时几乎晕倒。

英军全线溃退，7月1日，隆美尔率部进抵埃及阿拉曼，距亚历山大港只有60多公里。英国海军撤向红海，开罗英国军政机构销毁文件准备逃走。这时的隆美尔因立大功而晋升为元帅。

丘吉尔又一次改组中东地区司令部，8月初任命亚历山大为总司令，蒙哥马利为第八集团军司令，并又一次充实兵力和武器，达到德意联军的三倍。

隆美尔苦于部队补给非常困难，想先去拔除袭击德意舰船的马耳他岛上英军的这根刺，但是未获得希特勒的同意，他便抱着侥幸心理，于8月30日晚进攻阿拉姆哈勒法阵地英军。

天明后，德意舰船受英机轰炸损失很大，三艘油船被英军炸沉，迫于燃料补给无靠，不得已于9月3日全面撤退。由于隆美尔一贯善于诱敌落入陷阱，非常谨慎的蒙哥马利没有追击。

墨索里尼在入侵北非的同时，10月28日又向地中海北岸的希腊发动全面进攻。丘吉尔果断地命令英国海空军接管希腊克里特岛防务，想将这个战略要地变成支援埃及的空军基地。紧接着，丘吉尔又从利比亚调四个师的陆军开往希腊。

希腊军队英勇反击，将意大利侵略军驱逐到阿尔巴尼亚境内。墨索里尼只好又搬来纳粹兵。德军占领雅典。

丘吉尔调印度军到伊拉克，联合戴高乐自由法国部队攻入叙利亚，防止希特勒进入地中海东部。狼烟翻卷的东地中海艰苦角逐暂时告一段落。

打响不列颠战役

1941年7月10日，德国对英国发动第一次猛烈袭击。人们通常把这一天作为不列颠空战开始的日子。

希特勒知道，要入侵英国，先决条件是德国空军必须取得英伦三岛的制空权。所以希特勒计划用四个星期摧毁英国空军，取得制空权，为德国登陆铺平道路。然后，9月中旬到英伦三岛作战，9月底占领英国南部，10月初就能在伦敦举行胜利大游行了。

拟订这样的计划并非毫无根据，因为当时的英国尽管在努力增产飞机上取得很大进展，但它的空军力量仍不足以抗击德国空军的进犯。所以当"不列颠之战"战幕拉开时，英国处于极为不利的境地。

当伦敦和其他英国城市遭受德国的狂轰滥炸时，英国政府曾打算迁往中西部。然而，丘吉尔却认为那样做利少弊多，因为他目睹过法国政府迁出巴黎后造成的混乱。

著名的唐宁街10号首相官邸是一座并不坚固的老建筑，虽然已在花园里加建了一个防空壕，可是仍不够安全。于是，首相办公室搬到了斯多瑞门一座名叫安尼克斯楼的附属建筑物内，那座建筑物有防空设施，内阁会议也可以在那里召开。

丘吉尔一般是白天在唐宁街10号，晚上在安尼克斯楼，周末到契克斯首相郊区官邸。到了盈月之夜，他往往去稍微远一些的牛津郡的一位保守党议员罗纳·屈瑞家中居住。盈月之夜是一个危险的时刻，走得稍远当然可以安全些。

由于天气恶劣，德军的空袭在8月19日到23日停止了五天。8月24日开始的第二阶段中，德国空军首先打算摧毁英国空军的地面通信指挥中心扇形站。从8月24日到9月6日期间，德国空军平均每天出动1000多架飞机，使英国南部的五个前沿机场遭到严重破坏，七个扇形站中的六个濒临被摧毁的边沿，446架飞机被击落或受伤，103名飞行员遇难，128名飞行员受重伤。

9月7日这天，德国空军投入了625架轰炸机和648架战斗机，对伦敦进行了大规模的轮番轰炸。德国飞机向瓦尔维治兵工厂、煤气厂、发电厂、仓库以及泰晤士河上几公里长的码头扔了大量炸弹，伦敦顿时成了一片火海。第二天，又像这样轰炸了一整夜。据估计，仅这两天夜里，伦敦约有842人死亡和2347人受伤，城市遭到巨大的破坏。但在空战中德军也损失了不少飞机。

9月11日，丘吉尔向全国军民发表了广播讲话，他指出：

无可怀疑的是，希特勒先生正在很快地消耗他的战斗机队，如果他再这样继续几个星期，就会把他这部分重要的空军力量消耗殆尽，完全毁灭。这对我们就大为有利了。

丘吉尔还提醒道：

德国人正以他们一贯具有的周密性和条理性进行准备，要向我们这个岛屿发动大规模入侵。如果真的试图入侵的话，看来不会拖延很久。

因此，我们必须把下星期或下星期前后看作我国历史上的一个非常重要的时期。它可以和当年西班牙无敌舰队逼近英吉利海峡，德雷克快要打完一场木球的时候相比，也和纳尔逊在布洛涅为我们抵挡拿破仑大军的时候不相上下。所有这些，我们在历史上是读过了。

但是，当前正在发生的事情，就它的规模和对全人类的生活和未来以及对世界文明的影响来说，都远远不是过去那些勇敢的日子所能比拟的。

9月15日，德国空军集中了最大力量对伦敦进行空袭。两百多架轰炸机和三倍于此的战斗机群飞向伦敦。英国空军也全力以赴地迎击，双方展开了激烈交锋。

丘吉尔当天在设在阿克斯布里奇的皇家空军第十一战斗机司令部里，亲见了空战情况，英国飞行员的英勇顽强给他留下了难以磨灭的印象。当晚，他的私人秘书约翰·马丁报告说，这天"一共击落了183架敌机，而损失还不到40架。"丘吉尔在后来写道：

最突出的是，我们的战斗机驾驶员们始终保持着不屈不挠的最大的毅力和勇气。不列颠得救了。

所以我在下院这样说："在人类战争的领域里，从来没有过这么少的人对这么多的人作过这么大的贡献。"

丘吉尔的这句话后来曾反复播出，广为流传。

从 8 月 24 日起，伦敦在连续 85 个夜晚中有 82 个夜晚遭到空袭。从 9 月 7 日至 11 月 3 日，平均每天晚上有 200 架德国飞机轰炸伦敦，对伦敦的轰炸不间断地持续了 57 天。这个世界上最大的城市经受住了最严峻的考验。作为报复，英国空军也轰炸了柏林。由于距离较远，轰炸柏林的规模较小，德国人的伤亡和损失都不算重，但对德军士气和老百姓心理的影响则是至为巨大的。

在伦敦遭受轰炸期间，丘吉尔几乎每星期都要抽时间到被炸现场视察，亲眼看看到底发生了什么情况。每当看到饱受摧残的普通英国民众仍表现出抗战决心，丘吉尔总是深受感动。

9 月初，他视察了伦敦港船坞的一个被炸现场，群众对他表示了发自内心的热情欢迎。陪同他视察的战时内阁秘书处军事负责人伊斯梅将军后来写道：

他们哭喊道："好心的老温斯顿，我们想，你是会来看我们的。我们能够经受得住，给他们狠狠地回击。"丘吉尔失声痛哭。当我使劲让他穿过人群时，我听到一位老年妇女说，"你看，他真关心我们，他哭了。"他镇定了一下情绪，以极快的速度穿过码头走了。

丘吉尔也对此回忆说：

在瓦砾堆中这时已经插起了许多小小的英国旗，使人百感交集。当居民认出了我的汽车时，他们从四面八方跑来，很快就聚集了一千多人。这些人的情绪都很高昂。

他们围在我们的周围，一面欢呼，一面用各种形式表示对我的热爱，想摸摸我的衣服。人们可能认为我给他们带来了某些改善他们生活命运的美好的实际利益。

我实在忍受不住，我流下了眼泪。当时同我在一起的伊斯梅记述道，他听见一位老太太说，"你们看，他真的关心我们，他在哭呢！"我这不是悲哀的眼泪，而是赞叹和钦佩的眼泪。

为了减轻空袭造成的危害，丘吉尔指示建立了他所说的"杰姆乌鸦"紧急警报制度，为了救助房屋财产和在轰炸中严重受损的人，他抓紧制订了战争保险方案。他还通过林德曼教授组织科学家运用科学技术破坏德军的空中攻势，使来袭的敌机误入歧途。

11月间，空战进入第三阶段。德国人又一次改变了他们空袭的主要目标，试图摧毁英国工业生产中心。这一行动是从14日轰炸考文垂开始的，但持续的时间不那么长，也没能实现德国人的目的。

在1940年间，英国飞机的产量不仅没有下降，还以其9224架对8070架的比数，超过了德国人。由于英国人民在丘吉尔为首的政府领导下，精诚团结，万众一心，英勇顽强，决死抗战，使希特勒入侵英伦三岛的计划彻底破产了。

1940年9月19日，希特勒决定无限期地延缓空袭计划；10月12日正式宣布把入侵推迟到第二年春天。1941年7月，希特勒再次把入侵推迟到1942年春天。到了1942年2月13日，在雷德尔海军上将的劝告下，希特勒终于同意将空袭计划完全搁下来。

举世瞩目的不列颠之战以英国人民的彻底胜利而结束。

促成反法西斯统一战线

1941年12月7日，震惊世界的珍珠港事件爆发了。日本海军出动六艘航空母舰，载有四百多架飞机，对美国檀香山的海军基地珍珠港发动了凶猛的突然袭击。

这次打击，使美国海军太平洋舰队有18艘军舰被击沉或遭到重创，188架飞机被炸毁，159架飞机严重损坏。美国海军官兵死亡2403人，失踪和受伤2233人。

幸亏当时美国太平洋舰队的航空母舰不在港内，而日本飞机的轰炸又漏掉了海军船坞里的油库和潜艇库，否则美国海军的损失还要更加惨重。

珍珠港事件发生的当天，丘吉尔正在契克斯度周末，他从随身携带的小收音机中听到了令他和所有人"都不胜惊讶"的消息，立即拨通了罗斯福总统的电话，得到了对这一消息最权威的证实。他感到十分高兴和欣慰，因为，长期以来他极力促成而未果的美国参战一事，现在显然由愚蠢的日本人替他促成了。

12月14日，丘吉尔冒着狂风巨浪和遭遇德国潜艇攻击的危险，经过漫长的八天航程，于 12 月 22 日抵达华盛顿，受到罗斯福总统的热烈欢迎。英美两国领导人进行了不拘礼仪而亲切友好的会谈，双方人员共同举行了代号为"阿卡迪亚"的全体会议，进行了卓有成效的工作。

会议决定成立总部设在华盛顿的联合参谋长委员会，确认战争的主要敌人是希特勒德国。同时认为，阻击日本侵略的太平洋战争是这场世界大战的重要组成部分。

为了便于联合作战与统一指挥，会议决定在太平洋战区建立美国、英国、荷兰和澳大利亚联军司令部。会议根据罗斯福总统的意见，由英国的韦维尔将军出任联军总司令。

丘吉尔与罗斯福会谈的最重要内容之一，是建立世界性的反法西斯大联盟。经过大量的电报往返，由 26 个国家参加发起的这个世界组织的成立准备工作基本就绪。

罗斯福总统提出以"联合国"替代原来拟议中的"协约国"作为这一世界组织的正式名称，丘吉尔对此表示赞同。

1942 年 1 月 1 日，罗斯福到丘吉尔下榻的房间，两人对《联合国宣言》草稿作最后敲定。

《联合国宣言》的签署，标志着世界性的反法西斯统一战线的建立，对粉碎纳粹和日本军国主义称霸全球的幻想，取得第二次世界大战的最后胜利奠定了坚实的基础。

6 月 21 日，丘吉尔在白宫收到罗斯福总统亲手交给他的一份电报，上面的消息令他目瞪口呆。

电报上说，北非战场上的图布鲁克要塞被敌人占领，英军 2.5 万人被俘。后来进一步证实，被俘人数实际多达 3.3 万人。

罗斯福当即问沉浸在巨大悲痛中的丘吉尔："我们能帮你

什么忙？"

丘吉尔回答："给我们大量谢尔曼型坦克，能给多少就给多少，并且尽快运往中东。"

罗斯福立刻叫来总参谋长马歇尔将军，随即作出安排，调拨300辆谢尔曼型坦克和100门自行火炮，并直接运送到苏伊士运河。这一意义重大的决定，成为丘吉尔此行的重要收获之一。

在7月里，奥金莱克亲自指挥着第八军在阿拉曼建立起防线。当隆美尔的部队打来时，由于当地不宜于坦克行进，限制了德军装甲部队的威力。奥金莱克趁机组织了有力反击，俘虏了好几千德军，使局势稳定下来。

7月下旬，罗斯福派霍普金斯、马歇尔将军和海军上将金到伦敦与英方会商下一步的战略问题。因为英国的参谋长们固执地认为1942年进攻欧洲条件不成熟，使马歇尔关于及早开辟欧洲第二战场的意见未能坚持下去。

当这些意见汇总到罗斯福那里后，他最后表态支持进攻法属非洲。7月25日，做出了关于此次行动的最后决定。

紧接其后，丘吉尔作出部署，决定任命哈罗德·亚历山大将军接替奥金莱克的职务。本来还准备起用戈特将军任第八军军长，但因为布鲁克认为戈特过于劳累而倾向于任命蒙哥马利。此后不久，戈特将军因座机被击落而不幸罹难，遂由蒙哥马利担任了第八军军长。

进一步促进英苏关系

1942年,是决定反法西斯战争胜败的关键一年,当时,美国总统罗斯福同他的参谋部拟订了开辟第二战场的计划,以便减轻苏联战场的压力。

但是英国统治集团的传统政策是尽可能借用他人之手进行战争。为扭转苏德战场的局面,斯大林曾一再提出英美在西线开辟第二战场,丘吉尔却一再拒绝。

美国同意1942年在西欧开辟第二战场。1942年4月,罗斯福总统便派私人代表哈里·霍普金斯和美国陆军参谋长马歇尔将军到英国,与丘吉尔商讨在西欧登陆的问题。

当时商定,1942年小部分英美部队首先在西欧登陆,然后在1943年再向西欧投入大部队。这一决定不符合丘吉尔的愿望,没过多久他便拒绝执行这一决定,使美国人感到受了丘吉尔的愚弄。

1942年5月,苏联外长莫洛托夫访问伦敦。他问丘吉尔苏德前线的前景如何。

丘吉尔详细地谈了登陆的条件、地点、意义,但绝口不谈登陆的时间和登陆军队的规模等具体内容。丘吉尔知道，莫洛托夫还要前往华盛顿访问，所以他建议莫洛托夫从华盛顿返回后再来伦敦，那时他将根据华盛顿关于这个问题的讨论情况给予具体答复。

5月30日，莫洛托夫同罗斯福会谈。最后，罗斯福请莫洛托夫转告斯大林："我们希望在今年开辟第二战场。"

丘吉尔在焦虑地注视着苏德战场，他担心苏联不愿单独对德作战，而同德国签订和约退出战争。莫洛托夫从华盛顿返回伦敦时，英国政府同意1942年内在欧洲开辟第二战场。这一决定已正式写入英苏联合公报。

1942年7月，丘吉尔和罗斯福举行了单独会谈。他们决定1942年在北非登陆而不是在欧洲。丘吉尔准备亲自向苏联政府通报上述决定。

1942年8月10日深夜，丘吉尔乘坐飞机，直接从开罗飞往莫斯科，准备当面向斯大林通报关于改变在法国北部登陆开辟第二战场的决定。

这是一个微妙的、困难的然而又不得不完成的任务，丘吉尔对于会受到何种对待心中无数，但对自己将要表达的主要意思则十分明确。在飞向苏联的途中，丘吉尔反复思量着到这个布尔什维克国家去的使命。

8月12日17时许，丘吉尔的座机降落在莫斯科的首都机场。苏联人给予丘吉尔以最高规格的接待，安排他住进了城郊一座豪华别墅。当天晚上，丘吉尔前往克里姆林宫拜会了斯大林。

丘吉尔首先坦率地告诉斯大林：英美两国政府认为，1942年不可能在法国北部登陆以开辟欧洲第二战场。他提醒斯大林，在莫洛托夫访英时，英方已通过备忘录说明不能就1942年的行动作出承诺。

斯大林则加以反驳,表明了他对这一决定的不赞同态度。随后,丘吉尔又谈到轰炸德国,继而又谈到开辟第二战场的另外选择,即准备10月份在北非实施的"火炬"计划。丘吉尔以鳄鱼作比喻,说明火炬计划是打击鳄鱼柔软的下腹部。

斯大林此时又转而高兴起来,与丘吉尔长时间地讨论了这一计划的意义和理由。此后双方又就英美空军在苏联军队南翼取得制空权进行支援进行了讨论。

会谈直到午夜才结束,此时丘吉尔欣慰地感到:"冰块已经打开,通人情的接触已经建立起来。"

这次英苏首脑会晤,使丘吉尔与斯大林之间建立起并在战争中一直保持着一种"密切而又严肃"的关系,对双方之间加强联系、增进理解、相互配合、保证取得战争胜利具有极为重要的意义和作用。在战前互不信任的苏联和英国面对共同的敌人逐渐走到了一起。

有一份综述双方在这个问题上立场的备忘录写道:

> 1942年在欧洲组织第二战场是莫洛托夫访问伦敦时业已决定并写入今年6月12日公布的双方一致同意的英苏公报。
>
> 双方也都清楚,在欧洲组织第二战场的目的是把德军从东线引向西线,在西线建立抵抗德国法西斯军队的重要阵地,从而缓和1942年苏德前线的苏军处境。
>
> 很容易理解,英国政府拒绝在1942年内在欧洲开辟第二战场,对于指望开辟第二战场的苏联公众舆论是一个精神上的打击,它使前线红军的处境更困难并且破坏了苏

军统帅部的计划。

拒绝在1942年开辟第二战场不仅给苏联红军造成困难，毫无疑问，也使英国和所有其他盟国的军事形势受到影响。

丘吉尔与斯大林进一步明确指出：

1942年具备开辟欧洲第二战场的最有利的条件，因为几乎所有的、而且是精锐的德军都被吸引在东线，而西线只有为数不多、战斗力也不强的德军部队。

很难预料，1943年是否还像1942年那样具备开辟第二战场的有利条件。因此，我们认为，在1942年有可能，而且应当开辟欧洲第二战场。非常遗憾，我未能就此说服英国首相先生，而美国总统代表哈里曼先生在莫斯科会谈中完全支持首相先生。

丘吉尔原来生怕由于盟国的不诚实行为使苏联同德国单独请和。他在莫斯科没有发现这方面的任何迹象，因此非常满意地向英国战时内阁报告："在整个会谈期间他们丝毫没有不想作战的迹象。"

丘吉尔同苏联政府会谈结束之后，英国国王向他祝贺："您作为传达不利消息的使者担负非常不愉快的任务，我祝贺你精明地完成了这一任务。"

苏联政府出于巩固和发展同英国友好关系的愿望作出了重大让步，决定暂不坚持关于边界的正当要求，在同英国签订同盟条约时可以不涉及这个问题。

1942年5月26日在英国外交部大楼签订了苏英条约,丘吉尔出席了签字仪式。

苏英条约规定:缔约双方在对德国及其附庸国作战中,彼此给予军事的和其他各种形式的援助与支持。并确定了双方在战后时期的相互关系。

在为加强反希特勒的联盟而签订的许多协定中,苏英同盟条约具有重要意义,它从根本上改善了英苏关系,并为两国合作的进一步发展奠定了基础,对加强反法西斯同盟的事业也具有重大的积极意义。

条约签订以后,苏英以及一切反法西斯侵略的国家和人民的国际地位得到了加强。正因为如此,它受到了苏联、英国和反希特勒联盟的所有国家广大的人民群众的热烈欢迎。

苏联于1942年6月18日批准了这一条约,英国也于6月24日批准了这一条约。

火炬登陆照亮北非

莫斯科之行给丘吉尔留下了深刻印象。从莫斯科回国后,他立即开辟北非战场,并建议罗斯福任命艾森豪威尔将军为总指挥,副总指挥由亚历山大将军担任。

从1942年秋冬起,全世界反法西斯战争的形势酝酿和开始发生重大的变化。在东线,斯大林格勒大会战以苏联红军的伟大胜利而告结束,成为苏德战争和第二次世界大战的转折点;在西线,则有英美在法属北非登陆的"火炬"计划的胜利实现以及在这前后进行的重要战斗。

8月间,英国突击队和一个加拿大师在蒙巴顿将军带领下,在法国第厄普海岸登陆。这次反攻,既是向苏联显示开辟第二战场的一个象征性姿态,又是向德意发射一颗迷惑性的烟幕弹,以便悄悄准备在北非登陆。

位于地中海中心的英属马耳他岛,在英国与德意的北非拉锯战中起着关键性的作用。英国飞机和舰船从这个中途基地出发,既可以向埃及运送兵员和给养,又可以轰炸利比亚的德意联军,切断他们补充兵力和物资的咽喉。

1942年春,德意海空军一齐出动,对马耳他岛进行猛烈袭击,使英国运输船队遭到重大损失。岛上面临饥馑危险,海空军基地作用陷于瘫痪,这片"地中海的钥匙"眼看将被敌人占去。

这时罗斯福命令"大黄蜂"号航空母舰两次给马耳他岛送去几百架战斗机,英国派遣一个庞大的护航舰队开赴这个被围困的海岛。

从6月中旬开始,马耳他又发挥了它军事基地的重大作用,此后接连几个月都有击沉隆美尔供应船只的记录。

正是在这切断德意联军"输血管"的有利条件下,蒙哥马利以10多万大军在10月23日夜发起阿拉曼战役,1000多门大炮齐声怒吼。德意联军的代理指挥官施图姆在乘车了解战况时遭到伏击,跌下车来,心脏病发作猝死。

正在奥地利养病的隆美尔被希特勒急令催回前线,但他面对优势敌人已无法抵抗,于11月4日退到富卡。蒙哥马利穷追不舍,1943年1月23日占领的黎波里,席卷利比亚北部沿海各地,德意联军损失近六万人。隆美尔摆脱英军切断退路的多次袭击,仓皇逃到突尼斯。

丘吉尔在回忆录中写道:

> 在阿拉曼战役之前,我们从未打过一次胜仗,而在阿拉曼战役之后,我们从未打过一次败仗。

他命令英国全国敲钟,庆贺这次大捷。紧接阿拉曼战役的是筹划已久的火炬计划,即美英联军在法属北非三城市登陆。

法属北非突尼斯、阿尔及利亚、摩洛哥三国当时受法国维希伪政权统治，当地官员都听命于贝当总理、达尔朗副总理兼总参谋长为首的卖国政府。流亡于伦敦的戴高乐领导的自由法国运动是他们的死敌，而美国同维希政权仍有外交关系。

在这种复杂的情况下，为了减少战斗的阻力，丘吉尔决定这次军事行动打着美国旗号，在艾森豪威尔、克拉克指挥下进行，英国参战人员也都穿起美国军服。英国提供直布罗陀作为集结军力、就近指挥的盟军司令部。

英美又将在两次世界大战中从德军监禁中越狱成功的吉罗将军送到直布罗陀，寄希望于他能说服北非的法军同盟军合作。

11月8日，盟军665艘军舰和运输舰载运13个师，在1700架飞机提供空中保障的情况下，在首尾相距800公里的摩洛哥的奥兰、卡萨布兰卡和阿尔及利亚的阿尔及尔三处同时登陆。美国外交官在北非进行的策反工作和吉罗的劝说都没起作用，盟军遭到法军顽强抵抗。

此时，长期投靠德国的达尔朗因探视生病儿子正在阿尔及尔，在大兵压境情况下，他的态度才慢慢有所松动。8日晚，阿尔及尔法军抵挡不住投降了，达尔朗落在美军手里。

丘吉尔曾经说过："如果我能见到达尔朗的话，尽管我极恨他，但我如能匍匐在地上爬行一公里路而使他把舰队带到盟军这边来，那我也欣然照办。"

贝当在第一次世界大战中是有名的"凡尔登英雄"。由于不少北非的法国军政要人视贝当为偶像，而达尔朗又被视为贝当的直接代表，为减少流血起见，盟军承认达尔朗为法属北非行政长官，吉罗被任命为军队总司令。

以此为条件，达尔朗发出停火命令，摩洛哥总督宣布投降。盟军10日占领奥兰，11日占领卡萨布兰卡，到月底，阿尔及利亚和摩洛哥全境都在盟军的控制下。

丘吉尔认为战争的转折点到来了，他在一次午餐会上兴奋地说道："我们战士头上的钢盔闪闪发光，温暖和振奋了我们所有人的心。"

美英与达尔朗达成的协议公布后，不仅戴高乐一派法国战士，而且英国广大人士都普遍不满，认为此人无耻亲德，劣迹多端，声名狼藉，为利用他而让他在北非掌权，乃是卑鄙龌龊的勾当。

丘吉尔和罗斯福面对呼声连忙声明，未来的法国政府只能由法国人民自己来成立，目前的安排"仅仅是由于战事紧迫而不得已采取的一种权宜之计"。

罗斯福还为此引用希腊东正教会的一句格言："我的孩子们，在大难临头之际，你们可以与魔鬼同行，直到你们脱离险境。"达尔朗听后惶惶不可终日，他在给克拉克的信中说："我仅是一个被美国人挤干后将要扔掉的柠檬。"

盟军在北非登陆令希特勒感到意外和震惊，他决定踢开贝当傀儡政府，全面占领法国。11月中旬，德意联军迅速攻占法国南部和科西嘉岛，并在突尼斯集结重兵。当德军将要攻占土仑港时，法国水兵将73艘舰艇全部凿沉。

盟军在1943年3月20日至5月13日发动突尼斯战役，亚历山大担任前线总指挥，一路从利比亚西征，一路从阿尔及利亚东进，东西夹击，俘敌25万人，将德意军队赶出整个北非。

针对火炬计划的成功实施，丘吉尔称"挽回了一个大陆的局势"。

实施霸王登陆计划

  1943年，反法西斯战争各主要战场形势发生根本转折，盟国已经取得战略进攻的主动权。为商讨加速战争进程和战后世界的安排问题，美英苏三国首脑于1943年11月28日至12月1日在德黑兰举行会晤。美英苏三国首脑罗斯福、丘吉尔和斯大林"三巨头"第一次"像一家人一样"围坐在德黑兰的会议桌旁。

  丘吉尔说这次会议"也许象征着人类有史以来最大的一次世界力量的聚会"。

  会议讨论的主要内容之一，就是开辟第二战场，即实施"霸王"计划。斯大林宣称，霸王计划应提前到1944年5月实施，同时进攻法国南部给予支援，苏联则在东线发动攻势予以配合，阻止德军调往西线。丘吉尔同意进行霸王行动。会议决定"霸王"行动在1944年5月开始。

  会议还就战后成立一个维护世界和平与安全的国际组织问题交换了意见；就战后如何处置德国的问题进行了初步讨论，三国提出不同的分割方案；三国一致赞成战后重建独立的波兰，其边界西移,将德国东部的部分地区并入波兰。

这次会议还讨论了苏联对日作战问题。苏联表示在欧洲战争结束后参加对日作战,并提出归还整个库页岛等条件。

会议签署了《苏美英三国德黑兰宣言》和《苏美英三国德黑兰协定》。三国表示今后将"共同协作","力求所有大小国家的合作。全心全意抱着消除暴政和奴役、迫害和压制的真诚"。这些表示在日后的历史中都被证明不过是一席冠冕堂皇、逢场作戏的空话。

德黑兰会议是反法西斯联盟三大盟国首脑在第二次世界大战中的首次直接会晤。加上后来召开的雅尔塔会议以及波茨坦会议,对推动战争进程和战后世界格局的形成起到了一定的积极作用。当然,苏美英三国在会议期间为自身利益达成的一些妥协和默契,又给战后的国际关系造成了不良影响。

德黑兰会议讨论的霸王行动大部分由美军担任,罗斯福挑选在北非崭露头角的艾森豪威尔担当西北欧盟军远征军总司令,但是随后丘吉尔还是为英国争得了部分指挥权,即霸王行动初期由蒙哥马利领导。

地中海区域大部分是英国或由英军控制的军队作战,丘吉尔委派威尔逊当总司令。在离开英国时,丘吉尔就患了重感冒,服药得到缓解。经过一系列会议和旅行劳累,12月12日飞抵突尼斯时病情转重,经诊断为肺炎,还患有心房纤维性颤动,便放慢工作节奏,由女儿读奥斯汀的小说《傲慢与偏见》给他听,夫人从伦敦飞来照料。27日以后,他又到马拉喀什疗养三周,同国内外来访者商谈工作。

1944年1月21日盟军在罗马以南40公里的安齐奥登陆,但前进受阻,正如丘吉尔所说,"原希望我们抛上岸的是一只野猫,结果只是一条搁浅的鲸鱼",直到6月4日才攻进罗马。

霸王行动的准备工作在紧锣密鼓地进行。盟国的反潜艇措施日渐奏效，飞机上装的雷达能在浮现前发现潜艇。英国对德国进行大规模空袭，美国空军集中消灭德国战斗机。两国轰炸机还摧毁德国"无人驾驶飞机"的发射基地，空袭法国的运输网，包括铁路、公路和机场，以阻止霸王行动开始后德军增援部队的迅速调动。

在军需部议会协调大臣、丘吉尔大女婿邓肯·桑兹提议下，空军对德国秘密武器的几处试验基地进行了猛烈的轰炸。通过这些战略轰炸，摧毁和打乱了德国的军事、工业和经济体系，瓦解了德军的士气和斗志。

丘吉尔每周主持一次会议，研讨霸王行动计划的实施。登陆的地点选在诺曼底，这里地势开阔，可同时摆开二三十个师，距英国西南海岸各主要港口又较近，便于输送部队运送物资，德军在这里的兵力也较薄弱，有利条件胜过加来。加来距英国海岸近、而距英国海港远，又是英国重点设防之地。

诺曼底的缺点是没有良港，丘吉尔提出用人造港来代替的创见，召集工程技术人员进行设计。人造港是用一百多万吨钢筋水泥来建造一批巨大的码头，将它们安放在海滩上，向海的一端浮在海面。再用沉入水中的混凝土结构和沉船在外围筑成巨大弧形的防波堤加以掩蔽。这样，尽管浪高流急、狂风骤起，吃水深的舰船也能够停泊和卸载，登陆艇能够自由来往于海滩。

为了迷惑敌人，还广泛采取疑兵之计，使敌人摸不准登陆方向。丘吉尔在德黑兰会议上创造了"保镖行动"语，即"真相经常要由虚假相伴来作保镖"。

根据丘吉尔的建议，在肯特郡海边集结了一支假舰队，发出大量电讯，又让以勇猛著称的美国巴顿将军闲步肯特街头，登陆地点在与肯特郡隔海相对的加来。在进攻前夕,英国飞机撒下大量锡箔片,在德军海岸雷达看来酷似一支舰队正沿英吉利海峡向东驶往加来。

此外,由于英国尚需依靠美国的军事援助,特别是登陆艇,丘吉尔承认,他对颇有主见的罗斯福,有时还"不得不抓住适当时机扮演一个阿谀奉承的角色"。千呼万唤,霸王行动终于就要开始了。整个英国南部变成了一座大军营,聚集了287万三军官兵和后勤人员,1.1万架飞机和6000艘舰艇。

诺曼底登陆前夕,70岁的丘吉尔走访盟军总司令艾森豪威尔,要求随英舰"贝尔法斯特"号参战,艾森豪威尔不答应。

丘吉尔说:"虽然参战的各部队均归您指挥,但是参战人员并不由您确定。"艾森豪威尔点点头。

丘吉尔继续说:"那么,我可以以英舰水兵的名义签名参战,将军无法阻挡。"

艾森豪威尔无可奈何地苦笑着说:"话是这么说,但是首相阁下,您这样做会给我肩上增加沉重的责任。"

丘吉尔决心不变,艾森豪威尔只好派参谋长史密斯将军晋见英王。乔治六世说:"丘吉尔的问题由我来处理。"他召见丘吉尔说:"如果您决心参加战斗,我也有义务与您一同参战。"丘吉尔只得罢休,望海兴叹。

6月6日凌晨1时许,蒙哥马利统领的英美加三国军队,以三个伞兵师空降于登陆阵地后方为前导,在大量轰炸机和战舰狂炸、炮击海岸德军炮兵阵地和防御工事后,黎明时分,运输舰送来的陆军改乘登陆艇和小型攻击艇,利用拖来的人造港,在诺曼底海滩大举登陆。

由于守卫这一带海岸的是纳粹杂牌军,加之登陆前几天英吉利海峡接连出现20年未遇的风急浪高恶劣天气,他们更是疏于防范,因此德军尚未完全建成的从挪威到西班牙沿海的"大西洋壁垒"很快被突破。仅在6日这一整天,盟军就出动1.46万架次飞机、17个师团和2万辆军车登上了陆地。

到12日,5个占领的滩头连成一片,有近30多万人和5万多辆军车、10多万吨物资登上诺曼底,德军死伤16万多人。

11日深夜,斯大林向丘吉尔和罗斯福致电祝捷说:

> 就其规模、就其宏大的布局,以及杰出的执行计划情况来讲,战争史上从来也没有过足以与之类比的事业。只有我们的盟军才光荣地、胜利地实现了强渡海峡的庞大计划。历史将把这一业绩当作一项最高的成就记载下来。

霸王计划的实施,进一步促成了法西斯德国的败局。4月16日,苏军发起进攻柏林的战役。25日,苏军在波茨坦以西包围柏林,并在柏林西南的托尔高地区与美军会师。27日,进入柏林。

在4月20日,希特勒自杀身亡。5月2日,柏林守军投降,各地德军也相继投降。5月7日,德国代表同艾森豪威尔签订投降书,5月8日,又在柏林向苏军元帅朱可夫签订投降书。欧洲战场的反法西斯战争胜利结束。

被战争拖得精疲力竭的英国人民终于等待到了庆祝胜利的日子。在5月7日那天,人群拥集在白厅前面,目睹丘吉尔乘着一辆敞篷汽车满怀欣喜地从人群中间经过。

丘吉尔领导全英人民进行战斗,为欧洲反法西斯战争的胜利做出了重大贡献,同时也为战后英国的地位打下了基础。

解散战时内阁

1945年5月8日，丘吉尔正式向英国人民宣告第二次世界大战胜利结束。他跟在议长后面，由反对党领袖格林伍德陪同，参加了下院在圣玛格丽特教堂举行的感恩节礼拜。然后他又应邀和参谋长们一起与英王合影，并和王室成员们一起在白金汉宫的阳台上接受无数英国民众的欢呼。

战争结束之后，战时联合内阁的继续存在就成了问题。政府已持续执政五年，议会自1935年以来也已10年没有大选了。丘吉尔必须决定何时举行大选。

5月18日，丘吉尔在艾德礼的协助下，起草了一封名义上致艾德礼的信，请工党考虑是否将联合政府维持到击败日本为止。在布莱克普尔召开的工党年会上，多数人主张早日大选。

丘吉尔在保守党内部举行的民意测验中，几乎全部同意7月选举。保守党人希望早日选举，以便利用丘吉尔个人的巨大威望有利当选。于是丘吉尔将大选日期定于7月5日。

5月23日，丘吉尔正式提出辞职，随即应国王要求成立了看守政府。5月28日,他在唐宁街10号为退出联合内阁的高级大臣们举行茶话会时,老泪纵横地宣布:"历史的光辉将照耀在各位的头盔上。"为了保证他在选举失败时保持外交政策的连续性,他建议艾德礼陪同他参加即将在波茨坦召开的继"雅尔塔会议"之后的"三巨头"会议。

竞选在5月下旬开始。丘吉尔在竞选演说中除了阐述改善人民生活的政策外,还对工党进行了猛烈抨击,说他们"会求助于某种盖世太保的统治形式"。舆论对他由全国的领袖一变而成为党派利益的卫士感到难以接受。

投票日之后还需较长时间完成计票工作,所以丘吉尔于7月15日带领艾登和艾德礼飞往波茨坦参加"三巨头"会议。丘吉尔觉得在得知大选结果之前他不能决定会议中的任何重大问题。

7月25日,丘吉尔一行回国,以便第二天公布大选结果时在场。

本来丘吉尔对大选获胜一直抱有信心,但就在回国的那天夜里,他"突然感到身上被戳一刀似的"惊醒了,因而预感到形势不妙。第二天中午时分情况已趋明朗,尽管丘吉尔本人当选,但保守党却遭到失败,只获得了197席。而工党在下院共获得了393个席位。

在五年多战时首相位置上做出了巨大贡献的丘吉尔,此时只得黯然神伤地面对下台的现实。

早在出席雅尔塔会议时,有一天丘吉尔参加由罗斯福做东的宴会。在宴会上非正式的谈话中,丘吉尔曾说,他是经常被当作反动派"被痛打"的。但是在他和罗斯福、斯大林三个人中,只有他随时可能由他的人民通过投票把他赶下台。他个人倒是以这种危险而引以为荣的。

斯大林接口和他开玩笑说,首相显然是害怕英国即将举行的大选的结果。

丘吉尔回答说,他不仅不害怕,反而以英国人民任何时候只要愿意这样做,他们就为把他们的政府撤换掉的权利而感到自豪。丘吉尔当时这么说大概也是真心的。但事情一旦真正摆在面前,丘吉尔就不大自豪得起来了。

当保守党的失败最终被确认后,丘吉尔感到的是失望和迷惘,他十分沮丧,并且不无微词。

他在《第二次世界大战回忆录》第一卷中,谈到严厉而又卓越的法国前总理克列孟梭"一下子就被法国人抛弃了"时,引用了古希腊哲人布鲁达克的名言:"对他们的伟大人物忘恩负义,是强大民族的标志"这句颇具嘲讽意味的话,多少也反映出了他的无奈和气愤。

丘吉尔紧接着又抨击道:"法国在遭到如此严重削弱的关头,便犯这种脾气,那是很轻率的事。"这在某种程度上是对英国人的批评与指责。

7月26日,丘吉尔正式向国王递交了辞呈,并请国王召见工党领袖艾德礼。为了安慰丘吉尔,国王提出向他颁发嘉德勋章,但丘吉尔认为在此时接受这一荣誉不太合适而谢绝了。

丘吉尔最后在唐宁街发表了一项声明,"向在危难的岁月中我曾为之服务过的不列颠人民表达我深厚的谢忱"。他为不能完成对日本的战争而感到遗憾,但他宣称:"然而这方面的一切计划和准备都已做好,而且结果的来临可能比我们目前所预料的要快得多。"

丘吉尔在告别声明中的预言很快就兑现了。8月14日,日本宣布无条件投降。第二天，丘吉尔再次走在议长身后到圣玛格丽特教堂参加战争胜利的感恩祈祷，不过这一次他是作为反对党领袖陪同新首相罢了。

在其后的日子里，丘吉尔也偶尔在议会作简短发言，对工党政府的政策提出批评，但大部分时间他都在访问西欧，接受纷至沓来的荣誉学位、荣誉公民称号以及各种奖章和礼品。

9月，议会休会了。在决定今后何去何从之前，丘吉尔决定先度假。他在意大利北部的克莫湖畔做了充分的休息，然后计划撰写关于第二次世界大战的回忆录。

11月，丘吉尔在布鲁塞尔的一次演讲中第一次提出了建立"欧洲合众国"的设想。此后，他又在多次演讲中提到这一思想，他认为这不失为一种解决战后政治、经济问题的救世良方。

发表铁幕演说

1946年3月，丘吉尔由杜鲁门总统亲自陪同，来到了这位美国总统的家乡密苏里州富尔顿。3月5日，他在杜鲁门的母校威斯米思特学院发表了题为"和平砥柱"的演说。

在这篇演讲稿中，他呼吁联合国成立维护和平部队；主张西方国家保持"有关原子弹的知识和经验的秘密"；并力促"保持英语国家的特殊关系"。

在演讲的一开始，丘吉尔表达了他对苏联人民及"我战时的同志斯大林"的赞赏，因为他们为反法西斯战争的胜利做出了贡献。

但接下来，丘吉尔的话锋一转，他的每一个字都震撼全场：

从波罗的海边什切青到亚得里亚海边的里雅斯特，一幅横贯欧洲大陆的铁幕已经降下。

在这条线的后面，有中欧和东欧古国的都城华沙、柏林、布拉格、维也纳、布达佩斯、贝尔格莱德、布加勒斯特和索菲亚，这些著名的都市和周围的人口全都位于苏联势力范围之内，全都以这种或那种方式，不仅落入苏联影响之下，而且越来越强烈地为莫斯科所控制。

此时第二次世界大战刚刚结束，苏联作为盟国在大西洋两岸的公众心目中仍保持着友好国家的形象，所以丘吉尔此言一出，立刻引起舆论大哗。

斯大林很快作出了反应，他在接见《真理报》记者时说，丘吉尔"现在采取了战争贩子的立场"。

但杜鲁门似乎对此说法抱着赞赏态度。虽然杜鲁门拒绝对丘吉尔的讲话作公开评论，但丘吉尔向艾德礼报告说，在他讲话前后，杜鲁门似乎同样高兴。演说可以认为是杜鲁门借他人之口发表的冷战宣言，是美国发动冷战的前奏曲。

同样值得注意的是，当纳粹战犯尚在受审之时，丘吉尔就曾公开敦促及早恢复德国在国际大家庭中的应有地位。

与一般人所认为的不同，当时在西方盟国中，大多数人对丘吉尔的这番讲话非常吃惊。

人们应当还记得，在 1930 年，丘吉尔曾经警告西方各国，对纳粹的绥靖将导致战争，但那时几乎所有的人都不相信他的话。

1946 年丘吉尔的演讲与十余年前他所持的观点一样，一开始并没有人拿它当回事，但很不幸，他的预言最终都成为现实。

在这次演讲中，丘吉尔还恳请美国认清苏联对所谓的"自由世界"已经构成了巨大的军事威胁，美国必须对此作出反应。

但当时的美国，不愿意将丘吉尔的"铁幕"演讲当真，他们不希望战争。直到一年以后，杜鲁门才彻底下定决心，要遏制"共产主义的扩张"。因为那时，西方阵营和苏联在柏林和捷克斯洛伐克都发生了激烈的交锋。

第二次世界大战结束前后,新的世界格局已见分晓,大英帝国风光不再,沦为二流强国。美国取代英国,转而成为世界第一强国,力主在全世界发号施令。

苏联作为社会主义国家不仅成为欧洲最强大的国家,而且在世界范围内也只有它有实力向美国叫板。尽管美英苏在第二次世界大战中曾经是一致对敌的盟友,但随着战争的结束,由于彼此间利益的冲突,它们之间的摩擦不断升温。

在东欧、中东、希腊、土耳其等地,美国、英国和苏联更是争斗得异常激烈。

美国在战后世界新格局中的一举一动总是受到另一强国苏联的制约,以苏联为首的社会主义阵营也在形成之中。因而,美国政府正在制定着如何对付苏联的决策。

此时英国唯有希望争取美国,寻求美国舆论的支持,重建欧洲均势。

事实上,从某种角度来看,丘吉尔是一个伟大的爱国者。一切以国家的利益为重。

第二次世界大战期间,为了国家的利益积极联共联苏;第二次世界大战后,时局改变了,他又出于自己国家的利益,态度转了180度。

无论如何,铁幕演说发表后一年,冷战真的开始了。丘吉尔再次向人们展现了自己无与伦比的预见能力。

再度出任首相

丘吉尔年事已高，他的许多朋友都曾劝他退出政治舞台，专心致志地撰写酝酿已久的第二次世界大战回忆录。但丘吉尔没有接受这个劝告，仍然活跃在他热衷的政治舞台上。

第二次世界大战后，欧洲兴起了联合的思潮，欧洲统一运动蓬勃发展。经过丘吉尔、雷诺等著名人士的努力，1948年5月在海牙召开了欧洲统一运动首届大会。

英国、法国、荷兰等十国政府于1949年5月5日成立了"欧洲委员会"。不久希腊、土耳其、联邦德国、冰岛、奥地利、塞浦路斯、瑞士、马耳他等国也先后加入这个组织。

欧洲委员会的总部设在斯特拉斯堡，核心机构是一个由各国外长组成的部长委员会和一个由各国议会代表组成的协商议会，日常工作由常设秘书处负责处理。该委员会以欧洲的统一为目标进行了许多活动，特别是在促进各国议会间的合作做出了贡献。

8月，丘吉尔作为以赫伯特·莫里森为首的英国政府代表团成员，参加了在斯特拉斯堡召开的欧洲委员会咨询会议。

在社会活动之余，丘吉尔除画了许多写生、养了几匹赛马之外，把主要的时间和精力都投入了撰写六卷本、长达数百万字的《第二次世界大战回忆录》。他利用了许多官方文件和他与罗斯福、斯大林之间的私人通信及来往电报，经过思考梳理之后口述出来，由秘书整理成文字。

1950年1月11日，艾德礼宣布2月3日解散议会，2月23日举行大选。

丘吉尔闻讯，马上从马德拉度假地飞回伦敦。大选结果仍然是工党占多数，但与保守党之间的差距被大大缩小了。在这种情况下，通常很快会再举行一次选举。

1951年9月，英王在做肺癌手术之前，敦促艾德礼秋季举行选举，以保持政治上的稳定。艾德礼宣布10月4日解散议会，25日举行大选。

大选揭晓后，保守党获321席，工党295席。丘吉尔在伍德福德选区再次当选。艾德礼到白金汉宫辞职之后的几分钟内，丘吉尔被国王召见，奉命组阁。

丘吉尔任命艾登为外交大臣，巴特勒为财政大臣，利特尔顿为殖民地事务大臣，戴维·马克斯韦尔·法伊夫为内政大臣，蒙克顿为劳工大臣，伍尔顿为枢密院长，索尔兹珀尼为掌玺大臣，伊斯梅为联邦事务大臣。国防大臣暂由丘吉尔兼任，等到亚历山大元帅从加拿大总督任满归国后再由他担任。

1952年初，丘吉尔赴美与杜鲁门会晤，商讨加强英美合作问题。他在美国国会发表演讲时，再一次强调了英语民族的团结这一主题。

英国《泰晤士报》报道丘吉尔访美时说：

反应敏捷、消息灵通、思想丰富、语言生动，而且诙谐机智一如既往。

1953年6月18日，丘吉尔开始主持内阁会议。10月初在于马盖特召开的保守党大会上发表演讲，获得很大成功。此前因他生病，人们已经在议论他的辞职和保守党更换领导人的问题。他就此谈到自己的看法：

以我之高龄，现在仍身居高位，肩负重任，这绝非因我贪恋权势或官职，这两者我已足矣。我之所以继续留任，是因为我有一种感觉，我可以做一些事情，对已经发生的事情施以某种影响，尤其对我所最关心的问题，即建立可靠和持久的和平。

1954年初，丘吉尔为了实现"和平缔造者"的理想，曾试图会见苏联领导人，但马林科夫于1955年2月下台，丘吉尔的苏联之行也就不再提起了。

3月，他对巴特勒说："我感觉自己像一只正要结束飞行的飞机。天色已是薄暮，汽油也将耗尽，可我还在寻找安全降落的地点。"他已准备让艾登接他的班。

11月30日是丘吉尔的80岁华诞，除了家里按惯例为他举行了庆祝聚会外，议会两院也在威斯米思特大厅为他举行了特别祝寿会。各党议员送给他不少礼物，还有两块直径3英尺的大蛋糕。

荣获诺贝尔文学奖

丘吉尔是英国历史上著名的首相,他的一生中创造了许多奇迹。他在瑞典人心目中有很高的威望,崇拜者不在少数。早在第二次世界大战结束时,就有几个瑞典人推荐他为诺贝尔文学奖的候选人。

第二次世界大战结束后几年,他一再被提名,推荐他的几乎全都是瑞典的作家和历史学家。这些人当中有几位是学院的院士,他们认为,在20世纪中叶,丘吉尔的名字比任何人都要响亮。尽管如此,受诺贝尔评选委员会之托,撰写研究报告的学院院士还是用"细密的筛子"把丘吉尔"筛"掉了。

1946年,第一篇研究丘吉尔作品的报告,由年高德劭的学院前常任秘书霍尔斯陶穆执笔。这份报告认为,丘吉尔写的《萨夫洛拉》和关于第一次世界大战的著作《世界危机》并不是好作品,更不能算是文学作品。

1948年,瑞典文学院的安伦教授在他撰写的第二份报告中,反驳了霍尔斯陶穆的观点。安伦强调,丘吉尔写的《世界危机》具有重大的文学价值。在安伦眼中，丘吉尔是描述历史的一个无与伦比的"画家"。

不过，他在结论中说，单靠丘吉尔的历史著作还不足以证明他具备获奖资格。如果用他在演讲方面的成就来强化他的文学地位，丘吉尔则无疑是够资格获奖的。

虽然这份报告对丘吉尔极为有利，可是文学院又拖了五年，才对那些来自世界各地的呼吁让步。

在选择诺贝尔奖得主时，瑞典文学院有时会做出令人吃惊的决定。大家都认为，瑞典文学院一直严守一项不成文的规定：不颁奖给任何在角逐诺贝尔奖期间在其本国政府里担任职务的作家。而丘吉尔已于1951年再度出任英国首相。

这次，由于学院里几个重量级人物的坚持以及舆论的呼吁，瑞典文学院终于决定不考虑这个禁忌。《第二次世界大战回忆录》，其最后一卷于1953年问世，或许瑞典文学院决定要等这本回忆录完全告一段落才肯颁奖给他。果然，在颁奖典礼上，委员会将《第二次世界大战回忆录》列为获奖作品。

1953年的诺贝尔文学奖的角逐并不是很激烈。瑞典笔会在会长威廉亲王的领导下，曾于数年前推荐过几位作家，而且都大获全胜。不过，这次他推荐一位英国作家福斯特却没有中标。在其余的25名竞选者当中，包括美国的海明威、冰岛的拉克斯内斯以及西班牙的希梅内斯。这三人在接下来的几年内陆续获奖。这些人对丘吉尔并未造成太大的威胁。

10月15日，瑞典文学院终于投票将奖项颁给丘吉尔，理由是：

> 由于他在描绘历史与传记方面之造诣和他那捍卫人的

崇高价值的杰出演讲。

瑞典文学院也一向遵守一项规定：在开票之前严守秘密。可是，由于这位新得奖人身份特殊，所以学院在开票前，通过外交渠道询问丘吉尔本人是否愿意接受诺贝尔文学奖，丘吉尔毫不犹豫地同意了。

当瑞典驻伦敦大使哈格洛夫前往唐宁街10号，向丘吉尔证实学院的决议时，丘吉尔说，他十分珍视这项用以表扬他文学作品的"如此大的奖赏"。他将前往斯德哥尔摩，亲自向诺贝尔委员会道谢，向瑞典文学院致敬，并去欣赏该市的美景。

遗憾的是，丘吉尔没能亲自去领奖。12月10日，也就是诺贝尔奖颁奖日，所有的瑞典人和外宾都大失所望：这位政治家那时刚好在百慕大参加一次国际高峰会议，无法分身。于是，丘吉尔的夫人和她最小的女儿玛丽代表丘吉尔前往参加典礼。

在典礼上，宣读颁奖词的瑞典学会会员席瓦兹不乏溢美之词。他说：

> 大政治家和大战士难得也是大作家。我们想起恺撒、马库斯甚至拿破仑。丘吉尔的政治和文学成就太大了，我们忍不住要将他刻画成拥有西塞罗文才的恺撒大帝。以前从来没有一个历史领袖人物两样兼备又这么杰出，跟我们如此接近。

瑞典文学院还在颁奖词中说：

丘吉尔成熟的演说，目的敏捷准确，内容壮观动人，犹如一股铸造历史环节的力量。丘吉尔在自由和人性尊严的关键时刻的滔滔不绝的演说，却另有一番动人心魄的魔力。也许他自己正是以这伟大的演说，建立了永垂不朽的丰碑。

瑞典文学院院士利列斯特兰德在颁奖仪式上对前来领奖的丘吉尔夫人所说的话也让这个家庭很爱听：在黑暗的年代里，他的言语以及与之相应的行动，唤起了世界各地千百万人们心中的信念和希望。他还借用丘吉尔著作中的一句话来描述丘吉尔本人："在人类冲突的领域里，以前还从未发生过这样的事：如此众多的人都应该深深地感激一个人。"

在每年仅有一名的诺贝尔文学奖得主中，丘吉尔被认为占有特殊的地位，瑞典文学院院士齐凡尔茨的颁奖词几乎带了点谄媚的味道：

一项文学奖本来意在把荣誉给予作者，而这一次却相反，是作者给了这项文学奖以荣誉。

丘吉尔的夫人和女儿玛丽都成为瑞典国王的嘉宾。典礼后，丘吉尔夫人在斯德哥尔摩市政厅的宴会上朗读丈夫的答谢词。赴宴的有1000多人，大家都在仔细聆听。丘吉尔写的演讲词再一次表现了他的特殊才华。他在演讲词中这样写道：

诺贝尔文学奖在我心目中是意外的殊荣，很遗憾我职责在身，不能亲自来斯德哥尔摩，从你们敬爱的国王陛下手中领奖。

你们容许我将此任务托付给吾妻，我感激不尽。我有幸列名的案卷代表20世纪世界文学的种种杰出成就。

瑞典学会的判断是整个文明世界公认为无私、可信又诚恳的。诸位决定将我收录在内，我引以为荣，也承认有点害怕，但愿你们没有错。

我觉得你我双方都冒着相当的危险，我觉得自己不配得奖。不过诸位若不担心，我也不再存疑。

丘吉尔夫人一读完，全场立即报以热烈的掌声。

举行首相辞职宴会

1955年4月4日,丘吉尔在唐宁街10号举行辞去首相的宴会。女王夫妇应邀参加,并向即将退休的首相致以良好祝愿。在辞去首相的宴会上,丘吉尔向伊丽莎白女王祝酒,女王也举起酒杯为丘吉尔干杯,打破了只为英王干杯,英王从不为首相祝酒的传统。

丘吉尔对美丽、平易、端庄的女王始终保持发自内心的敬爱。他谨守传统,每周星期二晚上进宫同女王商量国事,向她汇报工作和征询意见。

这种会见和谈话按规矩是绝对保密并且不作任何记录的,但是人们发现,丘吉尔每次会见女王的时间都特别长,远远不止通常的一小时,可见两人相处之融洽。

他把女王笑容满面地前去主持她的第一次会议开幕式的照片,用特制的镜框镶起来,挂在他卡特维尔住宅的床头。每当他被请到赛马会上的皇家包厢里就座,或应邀到温莎和巴尔莫勒尔行宫去谒见女王,他都欢欣若狂。

他不厌其烦地称赞"她真是一位杰出的人物"。在巴鲁科谈论前景暗淡的英国仅存的财富时,丘吉尔强调指出,女王是英国首屈一指的最大财富。

每当女王和丈夫爱丁堡公爵去英联邦各国进行长时间的访问,女王都亲笔给丘吉尔写信;而丘吉尔这时写字已很费劲,但仍然在口授复信上亲笔签名后才发出,他还担心这样做不够礼貌和殷勤。他热切地盼望着女王访问归来,甚至坚持登上"大不列颠"号到远离港口的海面上去迎接她。

在辞职宴会上丘吉尔没有领受女王的恩赐。女王打算给他加封伦敦公爵的称号,对王室以外的人封公爵,这是百年来从未有过的殊荣。

丘吉尔对此不是不动心,但是封了贵族就要进上议院,别人对他就要称呼贵族的封号,他宁愿死在他心爱的下议院,他更珍惜自己的姓名。

5日中午,丘吉尔主持了最后一次内阁会议,下午16时30分,他前往白金汉宫递交了辞呈。丘吉尔搬出唐宁街10号时,《泰晤士报》作了如下报道:

在离开前,他举行茶会招待全体公务人员。当他由房子走向等候的车子时,他们站在大楼旁唱"他是一个快活的好伙伴"。他吸着雪茄,用他有名的V字手势向聚集在唐宁街上祝贺的群众打招呼。丘吉尔先生在祝福的欢呼声和叫喊声中,乘车慢慢地离去。

丘吉尔回到了卡特维尔庄园,在他一生的最后十年中,除了到世界各国访问和旅游,大多数时间是在此度过的。

辞去首相不等于完全退隐。丘吉尔是一个为政治而生的人,就像他尊敬和喜爱的音乐家哈里·劳德的一首歌《勇往直前,走向道路的尽头》所说的,他关心政治的热情,也勇往直前地奔流到生命的尽头。

他还是一个议员。而且以后每逢大选,他都参加竞选,争取连任了议员。

下院不只是他过去的讲坛和阔步的场所,也是他今天获得怀旧的温馨和喜悦的精神家园。在他身体和精神感觉良好的时候,他爱戴起助听器,挂着金头手杖走进议会,坐在过道下边政府方面席位听会。

他如今不是每会必到,更不像过去那样经常发言参加辩论。即使静静地坐在那里倾听,他也觉得是一种享受。不过,身体一年年地更加虚弱了,腿脚也不灵便,他去议会的次数是越来越少了。

选民区有些事需要他去做,国内外敬佩者给他的信件如雪片飞来,还要发电文和接待来访者。外交部定期送官方电报给他看,向他征询意见,因此给他特别配备了一个有才智而又勤谨耐心的秘书布朗,帮助他处理要办的公事。给已退休的首相提供这种待遇,在丘吉尔以前和以后都不曾有过。

1954年他80岁寿辰时,继承了"下院之父"的荣誉称号。

1956年联邦德国给他颁发"查理曼奖",1958年戴高乐向他颁发解放十字勋章。1963年4月,美国国会两院通过决议,肯尼迪总统签署批准,授予丘吉尔美国"荣誉公民"称号,这是美国可以授予他的最高荣誉。由于身体不堪长途旅行,丘吉尔让儿子伦道夫代表他出席白宫的授予仪式。

直至 1963 年 5 月他才最后宣布退休，不参加下次大选。1964 年 7 月 28 日，工党首相道格拉斯·霍姆提出动议，就丘吉尔对议会、国家和世界所做出的贡献，表示无限赞颂和感谢，动议获得一致通过。这种专门决议是议会 1814 年感谢惠灵顿以来的第一次。朋友和医生怕丘吉尔过于激动，没有请他参加会议。

1973 年 11 月，新修复的议会大厦落成时，高达 3.66 米的丘吉尔全身雕像，威严雄壮地挺立在它的正门前。

耄耋之年奋斗不止

丘吉尔最后十年，大部分时间在卡特维尔庄园度过，有时住在市区海德公园街 28 号，前几年，每年他都要到法国南方住一段时间。

"烈士暮年，壮心不已。"丘吉尔要抓紧时间把第二次世界大战前已写好大部分草稿的四卷《英语民族史》完成，陆续整理出版。

他的兴趣只在战争和政治方面，写到社会经济生活就无话可说，甚至对肇始于英国的产业革命也只以寥寥几页草草带过。

此外，儿子将他 1953 至 1959 年的讲演编辑出版，题为《不成文的同盟》。这最后一个演讲集，突出了第二次世界大战风云人物丘吉尔关于英美联合的重要思想。

在卸下首相职务后，丘吉尔立刻偕妻子和林德曼教授去西西里度假。可惜天公不作美，因气候原因，只待了两个星期就回来了。

林德曼与丘吉尔私交甚笃，他在担任主计大臣期间所做的工作是卓绝和富有成效的。他在政府内部建立了数据分析部门，将大量的数据整理、分析并制成图表，随后这些数据和图表以报告的形式上呈给丘吉尔。丘吉尔可以据此快速并准确地作出判断和决策。因此可以说，他对丘吉尔的决策产生了一定的影响。

林德曼在政府所从事的工作是和科学相关的工作，他作为英国原子能委员会的创建人，深深地感到在科技竞争中英国远远落后于美国，便提议创办像美国麻省理工学院那样的理工大学，并认为技术专家应接受人文科学的积极影响。

丘吉尔赞同林德曼的意见，开始让秘书以他的名义募集资金，建立剑桥丘吉尔学院。

1958年丘吉尔在主持学院理事会时，提出要平等地接受女子入学，当时牛津和剑桥大学都还没有做到这一点。

丘吉尔本来歧视妇女的思想很严重，但第二次世界大战中英国妇女重要的贡献，妻子和女儿莎拉、玛丽的社会活动才干，都教育他转变了观念。

由于筹资困难，学院到1961年才奠基，1964年才正式开始第一期工程。

丘吉尔很想利用自己的余生写书，但毕竟脑力不济，记忆减退，力不从心，只好作罢。

丘吉尔仍然浏览每日重要报纸，读历史书，看小说，在外出旅行时画画。

他特别爱看有关第二次世界大战的回忆录，从这些书里寻找他一生的高潮，重温他作为伟大国务活动家所度过的最美好的时光。

他每周要收到几百封信，专门有两个女秘书给他处理个人信件。此外，还有几个生活服务人员为他操持家务，照料饮食。

丘吉尔除了客人来访同他谈起政治问题能够暂时激起热情外，只有法国南方的生活能增加他的活力。

地中海沿岸美丽的景色丰富了他的艺术想象力，他在那里画画、休息和交友，间或也去蒙特卡罗玩轮盘赌。

1958年，丘吉尔全家在比弗布鲁克的别墅中，庆祝他的金婚纪念日。

1959年，丘吉尔有了一位百万富翁的新交，即希腊船王奥纳西斯，不知他以什么魅力拨动了希腊船王奥纳西斯的友情琴弦。

船王有艘大型豪华游艇"克里斯迪纳"号停泊在法国里维埃拉，他邀丘吉尔全家登船出游，每日供奉美酒佳肴和各种舒适的服务，令贪图美食等生活享受的丘吉尔十分开心。

1959年至1963年丘吉尔有几次乘游艇航行于地中海和大西洋，东到伊斯坦布尔，西到西印度群岛和纽约。船王就在这艘船上控制他庞大的商业帝国，其中包括蒙特卡罗的巴黎大饭店，丘吉尔也常应邀长住其中。

年事已高、郁郁寡欢的丘吉尔在奥纳西斯的豪华游艇上享受到了无上的尊敬，而奥纳西斯和丘吉尔在各种场合的甜蜜合影，也频频出现在各大媒体上。事实上，丘吉尔作为第二次世界大战中的功勋人物，他在西方世界里已经被奉为神灵，他和奥纳西斯的交往无疑提高了奥纳西斯的社会声望。

85岁以后，丘吉尔感到他的体力越来越差，他佝偻着背，腿脚乏力，耳聋严重，尤其使他伤心的是他已很难迸发出思想的火花，再也无法提出什么创见了。

他的活动大受限制，常常靠玩纸牌和看电影来消磨时光。亲朋故友一个个病逝，丘吉尔感到悲伤和寂寞。

他玩牌也技巧衰退，注意力难集中，经常出错牌，难得的是布朗秘书和妻子的堂姐亨利却极具耐心地陪着他一连玩上几小时。

他的战友蒙哥马利元帅十几次前来卡特维尔与丘吉尔做伴、聊天和互相安慰，两颗绚丽之星在宁静的黄昏中放射出照耀对方的光辉。

1959年丘吉尔已85岁，如果他还能像以前那样坚持下去，他会做出超人的成绩。

事实上他在1959年6月，以及第二年6月和10月，还是不断被轻度中风所折磨，在日程表上，有一些事情他尽力回避不参加，如皇家学院宴会、哈罗学校的唱校歌会、萨伏亚的奥瑟俱乐部的聚餐会等。

一次，他心爱的虎皮鹦鹉托比从笼子里逃走，一去不复返，丘吉尔感到很悲伤。尽管他的私人秘书和他的贴身警卫员费了很大劲，但始终没有找到。

顽强老人长寿有道

丘吉尔一生战斗在政治舞台，特别是在第二次世界大战中，他四面受敌，处于紧张状态，却被人称为"像一头雄狮"。

丘吉尔是先天不足，出生时早产，出生后体质虚弱，不仅不聪明，还有些笨拙，两岁多了说话还吐字不清，学会说话之后又发音不准，还有点口吃。更恼火的是经常闹病。

另外，在第二次世界大战时，丘吉尔以 65 岁高龄临危受命为英国战时首相兼三军最高统帅，肩负领导整个英国与德国法西斯进行殊死斗争的重任，日理万机，殚精竭虑，寝食难安，是对身体健康的严重挑战。

丘吉尔尽管有这些于健康长寿不利的因素，但他却获得了如此高的寿命。从养生学角度讲，他是如何弥补了先天不足的缺陷，又是怎样熬过那摧残健康的战争岁月的呢？

丘吉尔出身名门，家境富裕，身为前英国财政大臣的父亲伦道夫为儿子装设了宽敞漂亮的游艺室。丘吉尔从幼年开始就迷恋军事游戏，他拥有 1500 个锡兵，时常将它们摆开阵势，交锋对垒。这很好地运动了他的全身和臂力。

进入哈罗小学后,学校里有操练和射击课程。对军事的浓厚兴趣和立志当军官的理想,又使丘吉尔很自然地参加了这间小学的特别陆军班,学会和迷上了击剑、游泳、骑术。其中,击剑成绩最佳,曾获校际击剑比赛的银牌。学习的目的是为将来报考皇家军事学校做准备。虽然接连两年的报考失败了,但经过一年预备班学习后,他终于第三次考该校被录取。在这儿,各种军训课目都是又学技能又强身健体的。

在学习之余,丘吉尔很喜欢打猎、打马球。这样,当不到20岁从皇家军事学校毕业成为一名军人时,丘吉尔已是一个威武壮实的男子汉了。难能可贵的是,丘吉尔毕生坚持体育运动,以后还加上了园艺、搬砖、驾车、开飞机以及旅游等项目。当时,这些体育运动与娱乐活动对于健康的益处已得到公认。

一位名人说过:"人生的第一道美餐就是睡眠。"丘吉尔的睡眠堪称"美餐"。他的睡眠极好,一向喜欢酣睡,一进入卧室就旁若无人,把衣服脱得一丝不挂地躺在床上。他一上床就绝不胡思乱想,而是很快酣然入睡,睡得深沉,质量特高。

除了夜间睡眠,丘吉尔很重视午睡。午睡在欧美被看作懒惰的表现,人们常规是不午睡的。可是,丘吉尔有主见,我行我素,每天例行午睡一小时,只要有条件就坚持。然而,在第二次世界大战最激烈的岁月里,仅1940年9月至11月间,德国轰炸机对伦敦的轰炸就持续了两个月,平均每夜有200架德机进行袭击。政府建筑、首相官邸、议会大厦和白金汉宫都多次中弹。丘吉尔奋不顾身地指挥着这场旷日持久的生死存亡战斗,每晚通宵不寐,只在凌晨才睡上两三个小时,睡眠严重不足。此时,他采用猫儿打盹睡法弥补失睡的困扰。白天,每当他乘汽车穿梭于政府各部门之间,或者乘飞机"出勤"时,他就抓紧途中间隙在座椅上打盹或闭目养神。打盹时间虽短,却能补回"欠觉",为大脑"充电",很好地保持了大脑精力。

这些重视睡眠的方法,是丘吉尔毕生精力充沛,至八九十岁高龄依然头脑清醒,思维敏捷的原因之一。当然,一个人健康长寿是主观、客观诸多因素决定的。

丘吉尔意志顽强,宽宏大度。他的政治生涯经历了五起五落的曲折,但失败时毫不气馁,仍然像"一头雄狮"那样战斗,最后果真取得成功。他说过:"我想干什么,就一定干成功。"

丘吉尔待人十分宽厚,看事物"以问题为中心"而不是"以我为中心",能够谅解他人的过失,包括那些他曾经强烈反对过的人。虚怀若谷的他从而摆脱了许多烦恼忧思。

丘吉尔也很开朗乐观、诙谐幽默。他被英国人称为"快乐的首相",不论在公开场合还是与家人在一起,说话都兴趣盎然。甚至在生命垂危时,有人问他怕死吗?他还打趣地说:"当酒吧关门的时候,我就要走了,拜拜,朋友!"

丘吉尔是个以强硬态度著称的人,但也善于以幽默的技巧,把剑拔弩张的政治斗争化为一笑。据说有一回某反对党的女议员在鸡尾酒会上敬酒时恶狠狠地对他说:"假如我是您的夫人,我一定在你的酒杯里下毒。"丘吉尔不动声色地回敬一句:"假如您是我的夫人,我宁愿把那杯毒酒喝下去。"能不生气时绝不生气,更无须疾言厉色,大发雷霆之威。这种幽默的"武功"大概也是他长寿的秘诀之一。

合理健康的饮食结构,也是丘吉尔长寿的原因之一。他很喜欢食用新鲜的蔬菜和水果，而对肉食却退避三舍。对于饮酒也控制得很好，喝得较少，从不贪杯。

此外，丘吉尔爱好多样，兴趣广泛。他不但是政治家、军事家，还是演说家、画家、记者和作家。作为画家，他的西洋画作品开过个人画展，作为记者、作家，他写的分别反映第一次世界大战、第二次世界大战经历的作品《世界危机》《第二次世界大战回忆录》荣获了1953年度诺贝尔文学奖。

对于吸食雪茄烟吉尼斯纪录的保持者丘吉尔的长寿秘诀，有人用年龄再造理论进行了分析，发现他的生活方式中充斥着大量的"减龄因素"，正是这些减龄因素大大降低了他的衰老速度。研究人员把这些"减龄因素"大致归纳为这样几句话：意志坚强，宽宏大度；豁达乐观，诙谐幽默；兴趣广泛，多才多艺；劳逸结合，善于休息；饮食合理，喜爱运动。

正是有了这些长寿秘诀，使他在垂暮之年，接连经受严重的病伤，不仅性命无虞，还能神奇地迅速恢复，其生命力之顽强，让人惊叹！

生命之光最后闪耀

1964年11月底,丘吉尔迎来了90华诞。这天,他穿着按战时式样缝制的奇特服装,站在住所二楼的窗口边,向聚集在家门口附近的祝寿人群挥手致谢。

在90华诞这天,丘吉尔收到6万封贺信、贺电和许多贺礼,包括女王送来的鲜花,他躺在床上接受了新首相威尔逊转达的工党内阁的祝愿。晚上,他怀着极大的兴趣观看了英国广播电视台祝贺他90大寿的特别节目。

丘吉尔的眼睛已经失掉了以往闪耀的那种智慧、意志和刚毅的目光。时间夺走了这一切。而他向时间夺取得更多,早几年他就详细安排了自己的葬礼仪式,并以《葬仪手册》为题作了书面记载。

早在20年前,当他接连患肺炎和出现心脏病症状时,根据莫兰医生关于丘吉尔活不长的预测,伦敦一家新闻电影公司就授权组织一个准备摄制丘吉尔葬礼文献纪录片的小组。

他还在一如既往地向命运挑战。他又取得一个新的胜利:坚韧地跨进了1965年。

1965年1月9日,丘吉尔得了感冒。晚上,他第一次拒绝吸烟和喝白兰地。他曾在既不抽烟、又不喝酒的蒙哥马利面前夸口说:"我既喝酒,又抽烟,所以百分之二百健康。"

如此自信和倔强的人,十年前对烟酒已经严格地限量了,现在进一步拒绝,可见生命已非同寻常地跨向了极限的门槛。

次日躺在床上没有食欲,神志不清。第三天会诊发现再次中风。15日,因脑血栓而昏迷。

接连十多天卧床不起。子女亲属纷纷赶回家门。记者和市民在门前屋后拥塞不堪,80岁的莫兰无法招架,干脆把临街宣布的病情公告送到通讯社。内阁和议会改变和暂停了原定的日程。

最后,丘吉尔终于熬到了1月24日,他的呼吸缓慢而吃力起来。早上刚过8时,丘吉尔心安神怡地辞世远行了。

在这个天空飘洒细细冷雨的星期天,800多万伦敦市民早饭比平日吃得晚,他们从电台的临时广播里默默地收听丘吉尔逝世的消息。

电台又播放起丘吉尔出任战时首相时发表的著名就职演说的部分录音:"我所能奉献的,只有热血和辛劳,眼泪和汗水。胜利!不惜一切代价去争取胜利,无论道路多么遥远和艰难也要去争取胜利。"

这雄壮、坚强的声音把人们带回25年前那危急和拼搏的岁月。播完录音,电波中又传来贝多芬第五交响曲,它让人们回忆起第二次世界大战期间,在这象征胜利的乐曲鼓舞下,领袖和人民共同奋战的壮丽情景。

议会大厦的英国国旗降了半旗,教堂都鸣响着吊丧的钟声。伦敦上空的空气似乎都凝结不动了。只有丘吉尔家门口人来车往,络绎不绝，前来吊唁的行人和车辆把路都快堵塞了。

"丘吉尔阁下亲手创造并谱写了历史。"威尔逊首相在灵前喃喃地说。历史和人心全面地记载着杰出人物的功绩和过失，但当伟人辞世的时刻，人们本能地只想起他的优良品质和卓越贡献。

早在1947年，丘吉尔当着医生的面告诉他的妻子，他希望像军人那样安葬他。现在他如愿以偿。

1965年1月27日，丘吉尔的灵柩安放在议会大厦威斯米思特大厅，用红色地毯铺盖的四层台阶的中央高台上，人民前来向他告别。

台阶四角站着四名海军军官，他们身穿海军服，手持军刀，垂首而立。灵柩前方两名女军官，身穿军服，头戴军帽，一动不动地静立着。

议长和三个政党领袖们以及四名参谋长都先后替换军人轮流守灵。32万公民前来瞻仰遗容，向他表达最后的敬意。

七年前，女王建议，麦克米伦内阁决定，为丘吉尔举行国葬。非国家元首而举行国葬，英国历史上只有两次：1853年为打败拿破仑的惠灵顿将军，1898年为大政治家格莱斯顿首相。

1月30日，丘吉尔国葬日。伦敦上空笼罩着一片阴云，寒风刺骨。只为英王葬仪使用过的一辆炮车，载着覆盖英国国旗和压着嘉德勋章的灵柩。

长达1.6公里的3500人的送葬队伍以每分钟65步的速度缓缓前进。三军乐队轮流吹奏贝多芬和肖邦的送葬曲。一分钟发射一发的吊丧礼炮响彻冬日的天空。

灵车从威斯米思特大厅出发，穿过议会广场，经过白金汉宫，沿斯特拉斯街上芦加特山，来到圣保罗大教堂。

伊丽莎白女王和各国元首、首脑等贵宾等候在这里。隆重的仪式由合唱圣诗和奏哀乐开始，接着大主教做祈祷，大家垂首默哀，以唱丘吉尔喜欢的《共和战歌》结束。

午后，灵柩又装上炮车，来到伦敦塔旁的栈桥，再抬上游艇。游艇离开码头，鸣礼炮19响。空军喷气式飞机以分列式掠空而过。

游艇沿泰晤士河逆流而上，在滑铁卢车站登岸。灵柩被送上由"不列颠战役"号改装的"丘吉尔"号特别列车，载运到布莱尼姆宫附近的车站，安葬在故乡伍德斯托克旁边的布赖顿教堂墓地，同他的父母和弟弟长眠在一起。

附：年　谱

1874年11月30日，丘吉尔诞生于英国牛津郡。
1893年8月，被桑赫思特皇家军事学校录取。
1895年1月，通过桑赫思特皇家军事学校毕业考试。
1896年9月，随第四骠骑兵团驻防于印度南部的班加罗尔。
1899年3月，辞去军职，离开印度返回英国。
1902年10月，在竞选演说中表示坚定维护自由贸易政策。
1905年12月，就任殖民地事务部次官。
1908年4月，被提名担任商务大臣。
1910年11月，在登迪大选中获胜，再次当选为自由党议员。
1914年10月3日，在比利时的安特卫普组织保卫战。
1916年5月9日，回到伦敦。放弃军职，重新开始政治生涯。
1917年，在登迪市的补缺选举中获胜后就任军需大臣。
1918年11月，再次在登迪市当选为自由党议员。
1919年1月，在联合政府中就任陆军大臣兼空军大臣。
1921年2月，转任殖民地事务大臣。
1924年11月，就任政府财政大臣。
1925年冬天，重返保守党。

1929年5月，参加埃平选区选举获胜，当选为保守党议员。

1937年6月，当选为保守党领袖，继任政府首相。

1940年5月10日，就任联合政府首相。

1941年3月8日，《租借法案》在美国国会获得通过。8月9日，在大西洋上同美国总统罗斯福会谈。14日签署《大西洋宪章》。12月22日，乘"约克公爵"号到美国同罗斯福会谈。

1942年6月7日，飞往华盛顿讨论进攻北非的计划。8月12日，飞往莫斯科同斯大林会晤。

1943年1月14日至24日，参加卡萨布兰卡会议。5月30日，访问北非，与戴高乐会晤。11月22日至26日，参加开罗会议。11月28日至12月1日，参加德黑兰会议。

1945年2月4日至12日，参加雅尔塔会议。5月23日，丘吉尔辞职，解散战时联合政府。组织看守政府。7月17日至25日参加波茨坦会议，与斯大林、杜鲁门会谈。7月26日，在大选中失败，辞去首相职务。

1946年1月8日，被授予功勋章。3月5日，在密苏里州富尔敦的威斯米思特学院发表"铁幕"演说。

1948年6月，《第二次世界大战回忆录》第一卷由卡塞尔公司出版。

1951年10月26日，重任保守党内阁首相。

1953年6月2日，在女王伊丽莎白三世的加冕典礼上被授予嘉德勋章，以表彰他对英帝国所做出的贡献。23日轻度中风。12月10日，获诺贝尔文学奖。

1954年11月，继承"下院之父"的荣誉称号。

1955年4月5日，辞去首相职务。

1963年4月9日，美国总统肯尼迪宣布授予丘吉尔"美国荣誉公民"称号。

1965年1月24日，因病逝世，享年91岁。